劉君祖易經世界

身處變動的時代，易經教你掌握知機應變，隨時創新的能力。

[從易經看] 冰鑑

READING THE BINGJIAN THROUGH THE LENS OF THE I CHING: A GUIDE TO FACIAL READING

劉君祖 —— 著

目錄

前言

《冰鑑》是一部關於識人、相人的經典文獻，深受晚清中興名臣曾國藩的喜愛。《冰鑑》具有極高的實用性、啟迪性和借鑒性，因而受到各界人士的重視。《冰鑑》有七篇，也叫《冰鑑七書》。有的人第一次聽到這本書，以為是「冰鑑奇書」，其實是「七書」。《冰鑑》的作者並非曾國藩，但其廣泛流傳跟曾國藩的推廣是有關聯的。中國幾千年來的讀書人中，能夠像曾國藩那樣在事功上有卓越建樹的人並不多見。一般來講，讀書人沒有那麼大的行動力，講理論的多，批評的多，能夠成就功業的少之又少。而且曾國藩還能夠進退有序，得到善終，更是難能可貴。他的影響力跨越清朝和民國，直至現在。曾國藩的事業，可謂無中生有，從零開始。他從一介文人，到創建湘軍，平定太平天國，要錢沒錢，要人沒人，都得自己經營，但是十幾年就獲得了成功。原因之一是他起用了大量的人才。用人就涉及觀人術，不管《冰鑑》是誰寫的，曾國藩從書中得到很多的益處是毫無疑問的。

《冰鑑》的七篇本文，大概有兩千二百多字，平均一篇三百來字。文章很短，也很精練。我的一位同門師弟曾經評價說：我們看《冰鑑》，首先，不要把它當成一般的江湖術士之相書。其次，《冰鑑》中的觀人術，不是靜態的，是動態的，就像《易經》也是動態的一樣，一動起來就複雜了，「不可為典要，唯變所適」。而且動靜之間是有關聯的：動中有靜，靜中有動；動極轉靜，靜極思動；時止則止，時行則行。它是有節奏、有變化的。此外，《冰鑑》強調整體性，即聲音、容貌、神態、氣色等都是息息相關的，就如《易經》中最好的一個卦謙卦（䷎），能夠在動態變化中尋求最佳的平衡——「稱物平施」。最後，《冰鑑》觀察入微。

《冰鑑》七篇依次是：第一篇談〈神骨〉，第二篇為〈剛柔〉，第三篇為〈容貌〉，第四篇為〈情態〉（「容貌」和「情態」是從「神骨」裡面分出來的），第五篇為〈鬚眉〉，第六篇是〈聲音〉（聲音很重要，人的容貌會老，體氣會衰，但聲音是不大容易變的），第七篇為〈氣色〉。整體看來，這七篇注意到了動靜的變化、整體的照應，思路和結構很完整。

動靜結合，包括無形、有形，有聲、無聲。有一些事物有形，有一些無形；有一些事物有聲，有一些無聲。就像《易經》中的兌卦（䷹）照講是發聲的，可是也有不講的時候，此時無聲勝有聲。兌卦重在表現，但不一定要講出來，可以通過人的舉止、接觸、互動去呈現。像兌卦第三爻「來兌」，結果是凶，而上爻「引兌」，一句話不講，迷死人——吉。所以不只有講話才是表達，如肢體語言，所包含的資訊就非常豐富。

關於曾國藩，《清史稿》中記載，曾國藩為人威重，有美鬚髯，眼睛三角形、有鋒芒，招待客人的時候，會隨時隨地觀察對方，隨後自己做筆記評判這個人的優劣利弊。對照那個人後來的表現，幾乎都能吻合，這與其精通《冰鑑》是分不開的。

關於《冰鑑》，其重點、成就及主旨特色，從《易經》的角度看，可以用幾個卦象來說明。

首先，《冰鑑》講的內容是什麼？答案是師卦（䷆），體現在第二爻、第五爻。師卦的「九二」為大將之才，離不開「六五」的賞識。第五爻代表的是將才的君位，更重要的是第五爻是宜變的爻位。第五爻稱「田有禽，利執言，无咎。長子帥師，弟子輿尸，貞凶」。「長子帥師，弟子輿尸，貞凶」，是說師卦需要勞師動眾，以性命相搏。作為國君就要知人善任，拜將就得用真正的人才，而且一旦起用，就要「用人不疑」。不要派心腹去監軍，這樣做是自亂陣腳，與領軍大將會生出嫌隙。另外，打任何仗都要師出有名，即「田有禽，利執言，无咎」。第五爻單爻變為坎卦（䷜），也就是說師卦中的君位也是險不可測，用人或者疑人都有無限的坎。戰爭中，國君與大將的配合至關重要，將在外，君命有所不受，最重要的就是君、將之間的信任，師卦二爻、五爻要密切配合。二爻爻辭稱「在師中吉，无咎，王三錫命」，說明他是能夠打贏這一場戰爭的將才。如果兩爻都動，就是比卦（䷇）。師、比是一體相綜的兩面，既是軍事與外交，也是對抗與合作，屬於既競爭又合作的關係。師卦「容民畜眾」，不都是說打仗。「師者，眾也」（《易經．序卦傳》），形形色色的眾生中，人際交往就像打仗一樣，有時候一敗塗地，有時候大獲全勝，所以我們要對形形色色的眾生進行研究、分類。五爻、二爻一旦合作好了，則可以成事；一旦互相猜忌，就會把事情搞得亂七八糟，風險很大。第二爻辨事能否順利，跟第五爻的信任有莫大的關係。「王三錫命」，不一定只是王命，也可能代表天命，人的個性、心性，很多是源於天賦的。故第二爻〈小象傳〉說「在師中吉，承天寵也；王三錫命，懷萬邦也」，師卦第二爻是大才，還有老天眷顧，故能「承天寵、懷萬邦」。另外，師卦、比卦屬於霸權思想，沒有超脫稱霸的格局，也就是說整個《冰鑑》還是偏重爭霸的格局，即著重於人生的爭勝負，還沒有到王道的程度。不像《人物志》到最後說：要謙，要棄爭、釋爭，化解爭端，那是近乎王道的格局。《冰鑑》學通了，對人際的衝突、合作要從整體去看，就像第二爻跟第五爻既衝突又合作，既有師，又有比。

其次，《冰鑑》的特色是什麼？其特色就是鼎卦（䷱），體現在第二爻和第六爻。鼎代表公權，涉及權力資源的分配。如何調和鼎鼐，這可是實學，也是帝王學，這說明《冰鑑》又跟帝王學有關。宜變的爻位在第六爻。第六爻「鼎玉鉉，大吉无不利」，爻變是恒卦（䷟）。換句話說，辨識人才有「金鉉」的方式（第五爻），也有「玉鉉」的方式，「玉鉉」更長久。《冰鑑》比一般的相書層次高，看到了永恆的層面，而且推高到玉鉉的層次。「巽而耳目聰明，柔進而上行，得中而應乎剛」，這是講「金鉉」。「玉鉉」則考慮到下一卦震卦（䷲）了，「帝出乎震，萬物出乎震」，涉及接班永續的問題。這是《冰鑑》能夠讓我們提升的地方，即鼎卦第六爻的意思：要錘煉出「玉鉉」的層次，不要老是待在「金鉉」以下的層次，不然，種種鼎中的人才，格局還是有限。俗話說「黃金有價玉無價」，金鉉的境界是有限的。當然，我們不要忽視鼎卦第二爻：「鼎有實，我仇有疾，不我能即，吉。」這就告訴我們，有很多人才是被埋沒的。有些人即使知道對方是人才，但也可能不會用他；而且人才一定是遭妒忌的，人不遭嫉是庸才，這是天經地義的。這就是鼎卦第二爻的處境，爻變為旅卦（䷷），失時、失勢、失位，當然進入不了權力的核心。但是，為什麼最後能夠吉呢？因為人在遭妒時，被打壓，不得意，懷才不遇，但沒有失去分寸，況且從古到今懷才不遇者居多。庸才就像鼎卦第四爻，去做貪官了。既然是英才，暫時坐冷板凳，並不代表將來沒有突破，即得到鼎卦第五爻的賞識。「六五」能夠用「九二」，這跟師卦是一樣的，不管是打仗，還是從政，五、二都要配。師卦的第二爻這種軍事奇才，只要政治領袖「六五」賞識就成。而鼎卦第二爻這種具有政治才能的人才需要等鼎卦「六五」起用他。只是鼎卦的「六五」通常不能用「九二」，因為旁邊有「九四」這種庸才。「九四」打壓「九二」，這是正常的。只有「九四」搞砸了，「九二」才可能有出頭之日，這就需要「九二」學會忍耐，把人生種種東西看淡，最後才有吉的可能，可以為國貢獻才具。

鼎卦的二爻、上爻告訴我們，在對待人才的問題上，不能只盯著「金鉉」，還要想到「玉鉉」，即傳之永久的接班問題；還有就是有真才實學的人才，在不得發揮才幹的時候，要學會忍耐、保持風度。這兩個爻動，就是小過卦。「小過」是人生實踐真理的階段，「可小事，不可大事」。「宜下」，低調，「不宜上」，才能大吉。為什麼說小過卦（䷽）是實踐理想抱負呢？因為小過卦前一卦是中孚卦（䷼），小過卦的後一卦是既濟卦（䷾），小過卦就是承前啟後，才得以信受奉行，最後成功。人生就是在不斷的實踐中得以成就事業。這就是《冰鑑》的特色。同上面的師卦一樣，鼎卦也跟天命有關，鼎卦〈大象傳〉稱「正位凝命」就是如此。即人要自強不息、厚德載物，靠著後天種種的精進修為，才能突破、開創人生的局面，靠著我們內心的修為，才有可能改變我們的相、改變我們的命。

這就涉及第三個問題：修為對命相的改變如何？表現為大有卦（䷍），重點在第二爻和第六爻。修為對命相、命運能造成很大的改變，這一點可以肯定。這樣才有意思，要不然很多東西已經命裡注定，前路已經被鎖死，那就不好玩了。大有卦「遏惡揚善」，前面的同人卦（䷌）則「類族辨物」，這不是活生生的人物學嗎？千人千面，分辨善惡、類別很重要。大有卦跟命也有關，〈大象傳〉稱「順天休命」。第六爻爻辭說「自天佑之，吉无不利」，這不是迷信。人身為小宇宙，按照天則行事，當然「吉无不利」。大有卦的上爻通到天地人鬼神的謙卦，非吉則利。這就要靠平日裡自強不息的修為。那要如何精進到大有卦的上爻呢？要不斷地「遏惡揚善，順天休命」，精進的象就在第二爻：「大車以載，有攸往，无咎」，「積中不敗也」。不斷地按時中之道去修為，慢慢就上道了，成為大器了，就如一輛堅固的大車，立於不敗之地。積善之家有餘慶，蔭及子孫，就有好基因；積不善之家，就必有餘殃，禍及子孫。第二爻勤奮地開拓自己的格局，積極進取往前走，不怕人生中諸多的障礙、險難，道路自然會逐漸暢通。第二爻單爻變是什麼卦？就是離卦（䷝），「大人以繼明照于四方」。第六爻和第二爻一動，即靠著後天的修為，不斷改變你的相，掙脫人生的鎖鏈，就變成豐卦（䷶）的如日中天，既有智慧又有強大的行動力。這就是知行合一的豐卦。可見，人生並非都是命定，理論上都可以有所突破。但是，能夠突破的畢竟是少數，大多數人還是修為不得其法，在「命」裡浮沉。

這是對《冰鑑》的大致介紹，希望大家能有一個初步的瞭解。

袁樹珊序及序文詳解

《冰鑑》七篇，我們採用的是近人袁樹珊*所藏的版本，在進入《冰鑑》正文前，先看一下袁樹珊先生給《冰鑑》七篇寫的序。

民國丙子夏，張叔同先生元祜，以所印之《冰鑑》七篇見贈，疑為湘鄉曾文正公遺著，並謂其行文如《尉繚》，立篇如《素書》，要言不煩，與世傳希夷秘傳諸本，夐乎不同，豈僅小道可觀已耶！

然珊家藏《冰鑑》兩種，一為惜陰堂刊本，南海吳榮光、荷屋氏跋云：余家有《冰鑑》七篇，不著撰人姓名，宛似一子，世無刻本，恐其淹沒也。觀人之法，孔有焉廋之辭，孟有眸子之論。聖賢所重，吾輩其可不知乎？此篇固切於用，非同泛書，並賞其文辭云爾。末有道光己丑歲仲春，南海曾大經綸閣氏書十六字。

一爲定遠方濬師、子嚴，所著蕉軒續錄附刊本。其序云：操姑布子卿之術者，多矣。《四庫》所收《月波洞中記》、《太清神鑒》二書，皆稱美備。楚南何鏡海觀察應祺，藏有《冰鑑》七篇，不著撰人姓名，議論微妙，宛似子家。予曾向觀察借鈔之，因世無刻本，特錄於此。靜海極精相法，其神骨章二注，鬚眉章、聲音章各一注，並爲列入。《荀子．非相篇》「形相雖惡，而心術善，無害爲君子；形相雖善，而心術惡，無害爲小人」數語，固千古不磨之論。然視察焉廋，聽觀不掩，讀書者能神而明之，未始非甄識人物之一端也。

珊又藏有海昌范文元孝子騋所著《水鏡集》四卷，康熙朝姚江黃宗羲爲之序。其書引用《冰鑑》甚多。卷三且有呂祖曰「脱穀爲糠」，據此，其非湘鄉遺著，無可疑義。然此書簡明精當，爲諸賢所服膺，其有裨相學可知。茲應拙編告成，敬錄全文，公諸同好，並將何觀察所注採入，間增音釋。不過稍摻雜書，以便閱覽，非敢續貂也。樹珊謹識。

＊袁樹珊（1881-?）世居揚州，為醫卜世家。袁樹珊是聞名海內的醫學家、星相家。就讀於北京大學，後赴日本留學，返鄉後專心於星相學研究，以醫卜行世。袁樹珊雖然以醫卜為職業，但並不迷信，他說：「請教占卜的不外三種人：一是受重大刺激；二是迷於名利；三是走投無路。所以不得不察顏定色，善為指點。」

袁樹珊先生在序中說，「珊家藏《冰鑑》兩種」，即他收藏的《冰鑑》有兩個版本。「一為惜陰堂刊本，南海吳榮光、荷屋氏跋云。」「惜陰」，一寸光陰一寸金，寸金難買寸光陰，名字很有意境。「余家有《冰鑑》七篇，不著撰人姓名」，無名氏，不知道作者是誰。「宛似一子」，這句話就把《冰鑑》的位置抬得很高，與經史子集之子書並論；這種談命相、觀人術的書，幾乎等同於先秦諸子，可見也是自成一家。「世無刻本」，換句話說，《冰鑑》可能是手抄本，沒有刻印的。所以「恐其淹沒也」，如果沒有正式的刻本，就有可能因戰亂、遷徙而遺失。中國很多書就是這樣失傳了，就像《人物志》的作者劉劭，他有很多著作，卻只剩下一本《人物志》。因「恐其淹沒」，所以他認為自己有責任使其出版。

「觀人之法，孔有焉廋之辭，孟有眸子之論。聖賢所重，吾輩其可不知乎？」《論語・為政》中，孔子說：「視其所以，觀其所由，察其所安。人焉廋哉？人焉廋哉？」（意思是：看明白他正在做的事，看清楚他過去的所作所為，看仔細他的心安於什麼情況。這個人還能如何隱藏呢？這個人還能如何隱藏呢？）這就是「孔有焉廋之辭」。《孟子・離婁上》載：「存乎人者，莫良於眸子。眸子不能掩其惡。胸中正，則眸子瞭焉；胸中不正，則眸子眊焉。聽其言也，觀其眸子，人焉廋哉？」孟子認為，人的眼睛是靈魂之窗。除非大奸巨惡之人，一般人的眼神會洩露內心的秘密，所以人在提防、猜忌的時候，怕被人家看穿，不敢正眼看人。這就是「孟有眸子之論」。觀人之法，就連孔孟都很重視，並有經驗之談，我們當然也應該懂得一點。

「此篇固切於用，非同泛書，並賞其文辭云爾」。意思是說，他認為《冰鑑》七篇非常實用，不同於一般泛泛而談的書，而且文辭好，我們可以欣賞其文字技巧的高超。我們讀書，是要吸收裡面的思想，如果文章寫得不好，讀起來就很累。像王夫之，著有上百萬字，但是他的文章讀起來艱澀，有時都沒有辦法斷句。文辭好，表達曉暢，而且有深厚的思想內容，這種書實在不多。四書五經之所以流傳久遠，就是因為做到了文辭、思想俱佳。「末有道光己丑歲仲春，南海曾大經綸閣氏書十六字。」這是交代時間因緣。

「一為定遠方濬師、子嚴」，方濬為袁樹珊的老師，「所著蕉軒續錄附刊本」，這是指《冰鑑》的另外一個版本。「其序云」，這個版本的序說，「操姑布子卿之術者，多矣」，姑布、子卿大概都是相術界的名人，會這種術的人很多。「《四庫》所收《月波洞中記》、《太清神鑒》二書，皆稱美備」，《四庫全書》中所收錄的命學書《月波洞中記》、《太清神鑒》，一般人都覺得寫得既好又完備。「楚南何鏡海觀察應祺，藏有《冰鑑》七篇」，當時很多人都有私人藏書，把它們當成稀世珍寶收藏。「不著撰人姓名」，不知道作者是誰。「議論微妙」，談得很微妙，「宛似子家」，跟先秦諸子幾乎可以相偕行。「予曾向觀察借鈔之，因世無刻本，特錄於此」，我曾經向觀察使何鏡海（應祺）借該書抄錄。因為沒有付印的版本可買，喜歡讀書的人借書抄寫，這就是手抄本。袁樹珊講這些，無非是想告訴大家諸多收藏家認為《冰鑑》是一個寶貝。「靜海極精相法」，何鏡海本身相法就很精到，「其神骨章二注，鬚眉章、聲音章各一注，並為列入」，對於《冰鑑》七篇中的「神骨」章，做了兩次注，而「鬚眉」章和「聲音」章各作一注，並把它們附入書中。古代一本書傳下來，有人作注，說明這本書很受人重視。

「《荀子．非相篇》」，《荀子》裡面有一篇文章〈非相篇〉批評迷信、討論面相，說有好相的人不一定有大成就。「非相」，「非」就是批評、非議，荀子覺得相不可靠，有一定的理性色彩。《荀子．非相篇》裡面舉了很多例子：「形相雖惡」，長得不像一個人物，「而心術善」，可是心地好。有一些人形象雖善，而心術不正。《莊子．德充符》裡面都是一些醜得不得了的人，但是這樣的人，男人喜歡他、女人也喜歡他，非常有魅力。美國總統林肯確實是不錯的人，雖然長得又高又醜。心術善，「無害為君子」。這是大儒荀子講的話，有些人有很壞的相，但是心術很善，沒有妨害他作為一個君子。反之，「形相雖善，而心術惡」，對這樣的人也要特別小心。「無害為小人」，沒有妨害他成為一個小人。換句話說，人不要拘泥於形相，千萬不要以貌取人，連孔子都犯過錯——「以貌取人，失之子羽」。「固千古不磨之論」，荀子的這個言論可以說是金科玉律。

「然視察焉廋，聽觀不掩」，孔子在觀察人這方面，確實可以供人借鑒。那我們到底要怎麼辨呢？「讀書者能神而明之」，讀書的人要靈活變化，學什麼東西都要有創意、神機。「未始非甄識人物之一端也」，未嘗不是甄選人物的一個方法，確實還是值得我們參考。只是你不要迷信，要活學活用。「珊又藏有海昌范文元孝子駷所著《水鏡集》四卷，康熙朝姚江黃宗羲為之序。其書引用《冰鑑》甚多。」黃宗羲替《水境集》

寫序，就引用了很多《冰鑑》中的內容。如果黃宗羲引用《冰鑑》，那《冰鑑》就不可能是曾國藩寫的。「卷三且有呂祖曰『脫穀為糠』」，呂祖是誰？呂洞賓。「脫穀為糠」不就是《冰鑑》「神骨」章的開始嗎？這裡說是呂洞賓說的。《冰鑑》的作者我們不管他是誰，不見得所有的字句都是他自己創作的，有可能是世代積累下來的作品。呂洞賓是哪一朝的人呢？他是唐朝人。呂洞賓說「『脫穀為糠，其髓斯存』，神之謂也；『山騫不崩，石為之鎮』，骨之謂也」，這都是「神骨」章的內容。

「據此」，他就猜「《冰鑑》一書，殆為呂祖所撰」，大概是呂洞賓所著，「其非湘鄉遺著，無可疑義」，「湘鄉」指曾國藩。該書絕對不是曾國藩留下來的書，大概是可以確定的。「然此書簡明精當，為諸賢所服膺，其有裨相學可知」，讀過這本書的有大學問之人，對該書都高度肯定，並在實踐中用於觀人、識人。「茲應拙編告成」，這大概就是說他的《中西相人探源》這本書要編成了，「敬錄全文」，他就把《冰鑑》收進去，「公諸同好」，對這方面有興趣的人，大家都來分享。「並將何觀察所注採入，間增音釋」，並且將何鏡海的注列入書中，同時作一些注音和解釋。「不過稍摻雜書，以便閱覽，非敢續貂也。樹珊謹識。」這就是我們使用袁樹珊這個版本的大致情況。

神骨第一

「神骨」，骨是人體中很重要的部分，人的整個皮囊就靠骨頭在裡面撐著。骨在內，表現在外的是氣，合起來就是我們常說的骨氣。有一些人有傲氣，有一些人有傲骨。骨氣，是內在的支撐起一切的東西，但是有比骨還重要的東西，那就是「神」。不管怎麼講，骨還看得見，神則無形，《易經．繫辭傳》就說「陰陽不測之謂神」，〈說卦傳〉也說「神也者，妙萬物而為言者也」。因為神是無形的，無定在，無所不在，故又稱「神無方而易無體」。無體無方的東西，要怎麼掌握呢？

本篇稱「神骨」，「神」在「骨」之前，說明無形勝有形。就像《孫子兵法》所云：「形兵之極，至於無形，無形則深間不能窺，智者不能謀」，「無形」才是形的最高境界，無形的東西就很難鬥。《易經》中的巽卦（䷸）也是無形的，在憂患九卦中段位最高的就是巽卦。有形的就落入下乘，好對付；無形的，神乎其神，怎麼對付？巽卦稱「君子以申命行事」，「命」就是天命，天命是無形的，怎樣才能彰顯呢？就得靠後天不斷地行事，深入再深入，低調再低調，去揣摩、體會，去實踐、揮灑，才能申命。你瞭解自己嗎？瞭解別人了嗎？如果沒瞭解，就要深入、虛心，最後才能改變宿命、業障、習氣。習氣在佛教來講，是你累世積下來的，在你此世的修行中，要把積累的習氣統統改掉了，才能申命、變化氣質。

(一)總論

語云「脫穀為糠，其髓斯存」，神之謂也。「山騫不崩，惟石為鎮」，骨之謂也。一身精神，具乎兩目；一身骨相，具乎面部。他家兼論形骸，文人先觀神骨。開門見山，此為第一。

「語云」，俗話說。「脫穀為糠，其髓斯存」，這當然是象徵筆法。「脫穀為糠，其髓斯存」，有一點像《易經》中的剝卦（䷖）上爻「碩果不食」，果皮、果肉不是最重要的，裡面的種子才是最重要的，那才是創造力的源頭，也是每一個生命的基因跟其他生命不一樣的地方。子女會像父母，不可能全像，跟他的兄弟姊妹也不會全像，那就是「獨」。桃仁能生成桃子，不會長成杏子。我們探到裡面的精華，會發現每一個生命都不一樣。可以「人同此心」，但不可能「人同此獨」。「脫穀為糠」，就是突破外面的假象，「其髓斯存」，就是看到真相。「神之謂也」，神就是這個東西，要剝極了才能復。一般人只看表象，而高手是剝到最後，探知真相。這就是《心經》所說的「觀自在」。要怎麼觀？「行深般若波羅蜜多」，需要最深奧的智慧，才可以「照見五蘊皆空」，把所有的東西都探透，看到裡面的真實，才能「度一切苦厄」。《冰鑑》第一句話就告訴我們要探到神，不然一開始就會陷在形裡面。全句翻譯成白話文就是，俗話說：「去掉稻穀的外殼，就是沒多大用的糠，但大米這一稻穀的精髓仍然存在」，用在人身上來說，就是人的內在之神。這句話就是提醒我們識人要向深處探求。

那麼「『山騫不崩，惟石為鎮』，骨之謂也」呢？「騫」就是虧，剝卦就是山騫的象，岩石日漸風化。剝卦〈大象傳〉稱：「山附於地，剝。」山被不斷地風化侵蝕，但是它不會崩塌。為什麼？因為它有骨，即基本的岩石架構，就像人的身體一樣，即使外表消瘦不堪，但還是有骨撐著。就像稻殼剝掉了，但是裡面最重要的米還在，那是最基本的生命力。「山騫不崩」，雖然不是青春永駐，但是基本的樣子還在。換句話說，「骨」很重要，傲骨嶙峋。「山騫不崩」，為什麼不崩？因為山是石頭構成的，哪有那麼容易垮呢？「『惟石為鎮』，骨之謂也」，山沒有那麼容易崩，因為有石頭鎮住了，就像骨骼能支撐人體一樣。這句話完整的意思就是：「山體表面的泥土雖然常會流失，但山不會崩塌，靠的就是其主體部分——岩石」，岩石就相當於人體最堅硬的骨骼部分。

「『脫穀為糠，其髓斯存』，神之謂也；『山騫不崩，惟石為鎮』，骨之謂也」。一句廢話都沒有，提醒我們掌握本質，瞭解基本架構。所以，神骨當然無比重要，禁得住歲月的風霜，一個人只要本質存在，外面再怎樣風雲變色，都打不垮。

一個人的神骨實在是很難琢磨，但不要緊，下面開始具體講述。我們先看「一身精神，具乎兩目」。「一」就是整體，一個人一身的精神主要集中在兩隻眼睛上。一身精神，完全表現在靈魂之窗——眼睛上。我們常常講「眼神」，一個人有沒有神采，就看眼睛。雙目炯炯有光，精神自然煥發。換句話說，精神的落腳點體現在眼睛。雖然「神無方」，但是眼睛突顯人的神。從古到今的美人，她的眼睛起碼不會難看，光那眼神就勾魂奪魄，再不然就水汪汪，很多文人看了直說要淹死在那一汪水裡。這就是整體的精神突顯在眼光的流動中。有的人心性不正，眼睛看起來不是色瞇瞇，就是渾濁無光；有的人感覺就不一樣，目光如電，懾人心魂。「一身精神，具乎兩目」，說明神是無形的，但也能表現出來，主要表現於兩目。如果兩目之中有一些缺陷，人的精神肯定就差很多。孟子觀人的時候，為什麼要說觀其眸？因為眼神太重要了。《孟子》中提到一個名叫北宮黝的人如何養他的勇氣——養勇，就是「不膚撓，不目逃」，肌膚被刺不退縮，眼睛被人瞪著不逃避。也就是說，心底坦蕩，眼睛可以直視別人。一般人如果遇到一些不敢直視的情況，通常就氣餒了，不敢直視。小孩子就敢直視，眼光清澈，完全不會畏懼。眼神一旦不是很寧定，人就開始躲閃、逃避，甚至墮落。嗜欲漸深，天機漸淺。《易經》中的睽卦（䷥）之「睽」，不也是眼睛出問題了嗎？其上爻「睽孤，見豕負塗，載鬼一車」，看到很多奇怪的東西，不是看到滿身泥巴的豬拉車子，就是看到載了一車子的鬼。也就是看到別人都覺得是壞人，看到的只有老牛破車，這就是你的欲望、憤恨蒙蔽了理智，讓你的神都有問題。

「一身骨相，具乎面部」，一個人的骨相，主要體現在他的一張面孔上。面部就等於是全身骨相的縮影，分析骨相的時候，最主要的就是看你那一張臉。從中醫的角度來講，人的身體各個部分都息息相關。像看人的耳朵、舌頭，就能知道人體的某個部位有何毛病。神骨是最重要的，它體現了內在的實質。讀書讀得心醉神迷，最後還是要問，在二十一世紀我們所讀的書該如何與實踐結合起來？如果無法落實，那對這書真該打一個問號了。儒、釋、道，它們都要面臨操作性的考驗，就是要落實。《金剛經》很多人都喜歡念，念了心裡很舒服，怎麼操作呢？這是要問自己的問題。經典當然是可以落實的，它不是空泛的理論。《冰鑑》同樣告訴你如何操作，就如「一身精神，具乎兩目」，是不是把焦點告訴你了？還有「一身骨相，具乎面部」，面部也有骨，那是最重要的，也是具體而微的。研究面部就可以瞭解全身整體的骨架了。

「他家兼論形骸，文人先觀神骨」。《冰鑑》的作者認為面相學裡面有百家學說，高手如雲。他們會「兼論形骸」，討論這個，也討論那個，但是討論了半天，就不像他這個「高級知識分子」「先觀神骨」。「文人」，完全是正面的意思。他覺得自己才是文人，不去討論鼻子、耳朵，也不去討論臀部或者手腳，直接從觀神骨開始。神骨才是面相的精髓，才是要點中的要點。那些看相的人，一看到那些肥頭大耳的，就說他會發財，即所謂的「十肥九富」，這就有一點「兼論形骸」，不是究竟。文人的做法是「先觀神骨」，這才是高級的。

「開門見山，此為第一」，文章的做法很重要，包括做事也是如此，首先就要懂得開門見山，把要點在簡短的總論中寫出來，讓人家知道文章的主旨在哪裡。不要東扯西拉，讓人看完文章，還茫然不知你在說什麼。「開門見山」是最重要的。不要迂迴又迂迴，繞彎又繞彎，不如開門見山，把重要的東西先揭示出來，開宗明義。《易經．繫辭傳》一開始就告訴我們「易簡」的重要，整個〈繫辭傳〉通篇都在講「易簡」。「易簡」就是《易經》的開門見山，以此為第一，沒有比這個更重要的。

(二)神分清濁邪正

相家論神，有清濁之分。清濁易辨，邪正難辨。欲辨邪正，先觀動靜；靜若含珠，動若水發；靜若無人，動若赴敵，此為澄清到底。靜若螢光，動若流水，尖巧而喜淫；靜若半睡，動若鹿駭，別忖而深思。一為敗器，一為隱流，均之托跡於清，不可不辨。

「相家論神」，「相家」，是一種專業人士；「論神」，神大於骨。「有清濁之分」，神有清、濁之分。這個世界就是有清有濁，而且清濁還不是那麼涇渭分明，清中有濁，濁中有清。就像太極圖一樣，陰中有陽，陽中有陰。

「清濁易辨，邪正難辨」，清濁是比較容易區別的，但是奸邪與正直則不容易分辨。清濁從表面就可以分辨出來，大奸巨惡哪有那麼容易看出來呢？換句話說，邪正是在骨子裡，知人知面不知心，確實難辨。可見，我們觀察人，交談幾句，大概的清濁可以辨別出來，感覺不會差太多。只要你夠冷靜，對方是清是濁，會感覺出來。這是人與生俱來的感應能力。對方到底是一個邪門人，還是一個正派人？換句話說，辨出一定程度的清濁後，你還是沒有辦法斷言對方是邪是正。尤其是那種大奸巨惡之人，一般人是看不出來的，他隱藏得很深。如項羽，要搞清楚其個性不困難，要辨別清楚劉邦就有一點困難了。因為時人都說劉邦是寬厚長者，意思就是說項羽是不良少年。但是寬厚長者怎麼可以逃命時把子女一腳踹到車子下面去，把所有的開國功臣統統殺光呢？辨「邪正」，這是論神的境界，是要用心的。看人真的太難。金庸筆下的桃花島黃藥師號稱「東邪」，其實他並非邪派人物，只是不與世俗合流、個性偏邪罷了。反而那些名門正派裡面有很多邪門人物，如《笑傲江湖》中嵩山派的左冷禪及其師兄弟、華山派的岳不群，卻屬大奸大惡之人。

「欲辨邪正」，最重要的就是要搞清楚對方是好人還是壞人，過去正的人，也可能後來會變邪，而有的人就改邪歸正了。所以邪正永遠是動態的，要用動態的眼光去把握。面對一個人，幾十年時間過去了，他沒變嗎？人生經歷造成的創傷或刺激，都會影響一個人的行事風格。《冰鑑》告訴我們要全方位觀察一個人，這樣才找得出端倪。邪正不能不辨，尤其是追求真理的人，不辨邪正如何求得真理？要辨別邪正，該怎麼辨呢？「欲辨邪正，先觀動靜」，從動靜中去看他的邪正。但動靜不是絕對的，就如《易經》中的震卦（䷲）跟艮卦（䷳）。艮卦主靜，但都是不動的嗎？不一定。時機到了，靜極轉動。震卦主動，但是動極轉靜。所以，我們要觀動靜，就要清楚動靜也不是死的，是活的。我們常說這件事情先別急，先看一看動靜。也就是說，要冷靜，看看這個人在靜態的時候是一個什麼狀況，行動的時候又是一個什麼樣貌。仔細觀察，冷眼旁觀，甚至製造一些事端，來試探對方的動靜。下面講如何觀動靜，作者採用的都是象徵性的語言。

第一種是「靜若含珠，動若水發」。「靜若含珠」，真正靜得下來的人，就像嘴裡含著珍珠，不嚥也不吐。沒有過激的動作，既不吐也不嚥，含著若無其事，這就是坤卦所說的「含章、括囊」。「含章」是「以時發也」，「括囊」則是「慎不害也」，都在加強自己的修為，隱忍、等待時機。這是靜。時機到了，他可不一樣了，「動若水發」，行動的時候就像瀑布從高空一瀉而下。這種驚天動地的態勢，其實是「靜若含珠」蓄勢的結果。《易經．繫辭傳》解釋解卦（䷧）最後一爻「公用射隼于高墉之上，獲之无不利」時說：「君子藏器於身，待時而動，何不利之有？動而不括，是以出而有獲，語成器而動者也。」說的就是「靜若含珠，動若水發」。剛開始時放鬆，不露聲色，什麼都能夠忍，等最佳出手時機一到，爆發出的力量驚人。這就是一靜一動之間的變化。靜如處子，像處女一樣羞答答的；動如脫兔，動起來就像逃跑的兔子。該靜的時候就靜，該動的時候就動，這個理論誰都會講，但是能夠做到「靜若含珠，動若水發」，就不容易。

第二種也高明：「靜若無人，動若赴敵。」「靜若無人」，處於靜態之時，旁若無人。仿如佛家所說的「無人相，無眾生相」。唐傳奇〈虬髯客〉中，虬髯客一心要做天下的主人，總是認為自己了不得，天下英雄沒有比他強的。後來他見到年輕的李世民，當時李世民穿得並不講究，「不衫不履，裼裘而來，神氣揚揚，貌與常異」，真的是「靜若無人」，虬髯客就知道碰到真人物了。一個內心有主宰的人，「靜若無人」，視外界如無物，在喧囂的場合中，跟在佛堂上一樣，完全不受外界影響。那麼，動起來呢？「動若赴敵」，行動就像上沙場殺敵一樣迅速。

你看，由靜到動，表現是多麼的不同。而上述兩種又不完全一樣，靜的時候，一個是「含珠」，一個是「無人」。動的時候，一個是「含珠」轉「水發」，一個是「無人」轉「赴敵」。假如有人是這兩種動靜的方式，那說明他是個人物。「此為澄清到底」，這就是沒有任何雜質的澄清到底。我們要辨清濁，還要辨出更深的邪正，辨邪正要觀動靜，而且不是看死動、死靜，要看活動、活靜，即動靜之間的轉換。也就是說，這兩種動靜的境界是真正的清，是真動靜，不摻雜一點假。

前面「為澄清到底」，動靜顯現為那樣的狀況。下面有一些靜動就是假的了。要是功力不夠，還會以為對方是高人。其實不然，裡面也是很混濁的。靜時是假的靜，裝出來的靜；動時力量不夠，沒有續航力。老子所謂的動，稱「動而愈出」，後招是綿綿不絕的，而非一招之後就遲滯不進。

第一種假：「靜若螢光，動若流水，尖巧而喜淫。」「靜若螢光」，靜的時候，有如螢火蟲之光，微弱而閃爍不定。螢火蟲的光，閃閃爍爍，當然不是特別亮。這一點小光，怎麼可以跟皓月爭輝呢？「螢光」一閃一爍，一明一滅，就是抓一百隻螢火蟲也只能發出一點小光亮。「動若流水」，動態的時候，有如流動之水遊移不定。這和「動若水發」完全不是一個等級。「水發」如瀑布，氣勢磅礡。「流水」則是稀哩嘩啦的，不知道要往哪裡淌，這種「動」能夠有多大能量呢？差太遠了。可見，有些人靜的時候是假靜，一邊念佛、一邊打坐，一邊還在偷看周圍有沒有什麼好看的人或物；等到他動的時候，就稀哩嘩啦、放蕩不羈，氾濫無所歸，完全沒有雄渾的氣勢。

靜的時候像螢火蟲的光，動的時候稀哩嘩啦，就給人「尖巧而喜淫」的印象，善於偽飾，奸心內萌。這種人不能控制自己，發不了多少光，卻喜歡佔便宜，貪欲很強。

還有一種，即「靜若半睡，動若鹿駭，別忖而深思」。「靜若半睡」，靜的時候，似睡非睡，似醒非醒，昏昏沉沉。靜不下來，也不能亂動，就半睡，很迷惘的樣子。「動若鹿駭」，動的時候，像驚鹿一樣惶惶不安。「鹿駭」真的是非常傳神，稍微有一點驚嚇，鹿就到處亂竄亂跑。所謂「芳心像小鹿一樣怦怦直跳」，就是「動若鹿駭」，不過是被愛情襲擊得六神無主，以致形色慌張。這一種動靜的象，很有趣，「別忖而深思」，這種人絕對不是那種有堅定操守的人。既害怕，又想要，居心叵測，一直想找機會得到他想要的東西。如果沒有正常的方法得到，他就會想很多歪門邪道。想得很多，甚至城府很深，「靜若半睡，動若鹿駭」，這種人你要提防了，不知道他在想什麼、打什麼歪主意。關於「別忖而深思」，有的版本稱「別才而深思」，不管「別忖」也好、「別才」也罷，都是動歪主意。這種人要小心，非正人也。靜不像靜，動也不像動，就像站沒站相、坐沒坐相。如果你看到一個人是這個樣子，你要提防。因為他沒有正招，但是有很多的欲求，打歪主意，走歪門邪道，最後會算計你。

「一為敗器，一為隱流，均之托跡於清，不可不辨」。這兩種小動小靜、假動假靜，「一為敗器」，一種多是有瑕疵之輩，裝什麼東西都會漏光，不是人物。「靜若螢光，動若流水，尖巧而喜淫」的是敗器。「一為隱流」，一種則是含而不發之人，「靜若半睡，動若鹿駭，別忖而深思」的是「隱流」，潛藏了不良動機，應該提防，不要「比之匪人」、「否之匪人」，傷了自己。「均之托跡於清，不可不辨」，不管是敗器、還是隱流，這兩種看起來都很清純，其實是假的跡象，這是必須要仔細加以辨別的。要是辨識功力不高，就會被混過去，把敗器、隱流的假靜假動都看成前面一清到底的真靜真動。看起來很像，似是而非，其實是托跡，眼力不夠就會被騙。好多邪門外道之徒變教主，那就叫「托跡於清」，其實濁得不得了。

(三)神存於心

凡精神抖擻時易見，斷續處難見。斷者出處斷，續者閉處續。道家所謂「收拾入門」之說，不了處看其脫略，做了處看其針線。小心者，從其不了處看之，疏節闊目，若不經意，所謂脫略也。大膽者，從其做了處看之，慎重周密，無有苟且，所謂針線也。二者實看向內處，稍移外便落情態矣，情態易見。

「凡精神抖擻時易見」，一個人的精神狀態，在奮發時是不太容易掩飾的。也就是說，人在比較亢奮時，精神狀態是比較容易識別的。「斷續處難見」，如果是若斷若續，好像突然斷電了似的，如沒睡好或者精神不集中，人的精神狀態就不容易掌握。因為不易表現出真正的精神樣貌，若有若無，斷斷續續，沒法精準把握。

「斷者出處斷」，精神不足，即便它是故意振作並表現於外，但不足的特徵是掩蓋不了的。精神如果處於一種比較昂揚的狀態，那麼可能真的找不到間斷之處，即不足之處。可是，一個人的精神不可能一直處於昂揚的狀態，昂揚一段時間，就要虛脫，那就是斷了。在《易經》中，震卦和艮卦這種「斷」的狀態就很明顯。震卦初爻「震來虩虩，後笑言啞啞」，開始真的是驚天動地、氣勢昂揚，可是到上爻呢？「震索索，視矍矍」、「震不于其躬，于其鄰」，震動得手都不停顫抖。生命就是這樣的，生命的主宰力量、掌控能力一弱，就處於精神不濟的狀態，猶如老人一樣，這就叫「斷」。「出」，表示有所動，就是從裡面到外面。前面說「人之精神，俱在兩目」，人昏昏欲睡的時候，「斷者出處斷」，就像震卦一樣從裡面顯現到外面的那種精神狀態，是「震索索，視矍矍」的精神不濟的狀態，一看就像快睡著了。那時你就可以察覺到對方的精神消耗得差不多了——「出處斷」，因為沒有什麼東西出得來了。此時，動極要轉靜，該休息了，要去睡覺了，不能再熬下去了，否則就如老人家一樣油盡燈枯。由震卦上爻，下面就接到艮卦的休息了。靜極才能轉動，精神能量才會非常充沛，即艮卦的上爻修到登峰造極——「敦艮吉，以厚終」，如同修道成佛。下面就是漸卦（䷴），帶領一群鴻雁去弘道，教化世人。「敦艮」是非常飽滿的一個狀態，精神修養到非常充沛的地步，能量非常足，有取之不盡、用之不竭的精神能量。「震索索」則是消耗得差不多了，快斷掉了，沒多久就結束的狀態，必須要休息了。有斷就有續，「續者閉處續」，閉本來是一個關的狀態，如果精神有餘，就像在艮卦第六爻還是一個閉鎖的狀態，可是動起來能量就非常充沛，這就叫「續者」。在閉關時又積累了充沛的力量，得以再動。這就是斷和續。開始是大動一段時間，到時候就會斷。休息了一段時間後，從閉鎖的地方又發出了強大的生命能量，即「續者閉處續」。所以，在什麼地方斷，從什麼地方續，可以從中看到精神的出入狀態。作者對於這些，觀察得非常細緻。人生充滿了轉捩點，工夫都在斷續處。

「道家所謂『收拾入門』之說」，道家有所謂的「收拾入門」之說，用於觀神。這裡的道家，不同於後世的道教。東漢開始有所謂的道教，和道家並不等同，當然道教有一些理論還是延續道家的。老、莊在養生、修煉上是有實際工夫的，不然寫不出那樣的理論體驗，但是後來道家把他們宗教化了。老子變成了一氣化三清的太上老君，道家人物一旦宗教化之後，人造神就很好笑了。「收拾入門」是一種修為的工夫，總要收拾收拾，才能入門。《易經》中的巽卦就是入門的概念。巽卦的前一卦旅卦就還沒入門，還是門外漢，還在外面飄，「旅而無所容，故受之以巽」。所以一定要收斂你的心神，不然想要進儒門、道門、佛門，都很難。飄飄蕩蕩的狀態，是入不了門的。跨過那個門檻，入門之後，就要長期修煉，然後就變成兌卦的內心充滿法喜，不亦樂乎。不入門就不專業，要經過一番收拾。收拾什麼呢？收拾你的身心，道家講形神合一，你的形，還有你的神，都得收，才入得了法門。佛家持戒修行，如密宗的灌頂，還有天主教的洗禮，都是「收拾入門」。老子說「致虛極，守靜篤」，才能夠「觀復」，也就是「收拾入門」。致虛、守靜談何容易，「致虛」，虛得不夠還不行，得「極」；「守靜」不能夠「篤」，還是沒用。收拾乾淨了，做到了，才是入門。這些都表現在人的精神上。不管你觀察別人，還是人家觀察你，「精神抖擻處易見，斷續處難見」。要觀察得很細緻，洞察入微，看「斷者出處斷」，精神湧現出來的地方，「續者閉處續」，接著又動起來了。可見，「收拾入門」之說，不是空談，完全是可以落實的。

「不了處看其脫略，做了處看其針線。」「不了處」，指尚未「收拾」，就是沒有完成任務，這件事沒完成、沒做好；做得不圓滿、不周整，就是失敗。「看其脫略」，我們就要研究，顯然他的精神關注有問題，有些事情沒有顧到，精神太鬆懈了。毛澤東評價國民黨蔣燦將軍時曾說「精神一到，何事不成」。也就是說，精神充沛、意志昂揚的時候，也就是高度凝神關注的時候，容易把事情做好。而那種斷斷續續、鬆鬆散散的人，往往大而化之、粗心大意，就沒有把事情做好。那麼，我們就要研究其「脫略」，看他到底什麼地方出問題了。研究那些失敗的案例，才可以改進。「看其脫略」，什麼地方鬆脫了，什麼地方出軌了，研究內心世界、看表現。「做了處看其針線」，「做了處」指已經「收拾入門」，把事情做得很圓滿、很漂亮。也就是說，高手做事，要著重看其精細周密。如同一針一線密密縫，縱橫交織周到之極，一點都不會出亂子。有了裁縫工夫，才可以經綸天地。什麼時候佈局，什麼時候開始廝殺，最後圓滿收官，每一處、每個階段都無懈可擊，這就是針線工夫。縱橫交織、穿針引線的奧妙我們要研究。像項羽，很多地方就「脫略」了。劉邦是怎麼成功的呢？他善於起用眾多的謀士幫他做針線，基業的佈局才會細密。劉備剛開始只有一點基業，最後漸漸壯大，就是因為旁邊有諸葛亮幫他縫縫補補；等到關羽、張飛死了，劉備就方寸大亂，針線不成針線，結果大敗。所以細密的工夫很重要，必須安排周到。部下中有些人是行政的長才，有些人是宏觀佈局的長才，這樣才有孫武、鬼谷子、韓非。我們學畫畫，就得看那些大畫家的筆墨是怎麼來的，人家一潑墨就是一個世界，你一潑墨就是一團黑汙，完全學不像，所以一定要看看人家的筆墨是怎麼練出來的。孔子說「三人行，必有我師焉，擇其善者而從之，其不善者而改之」，就是「看其脫略」；「擇其善者而從之」，就是「看其針線」。總之，針線不好做，學起來不易，做好針線才好做事，成功絕非僥倖，失敗肯定有其原因。楚漢相爭，項羽一定是輸的，如果他贏了就沒有天理了，因為他犯了那麼多錯——「脫略」。誰出的錯少，漏洞就少，才有贏的機會。高手如雲的時代，我們就要跟人家比針線工夫。當然，光看也看不出名堂，要實踐，按圖索驥，掌握方法，逐步深入。有些人一身本事，不願意教人，故稱「不把金針度與人」；有些人則願意把心得傾囊相授，告訴你針法，怎樣源源不絕地創造，就叫「願把金針度與人」。佛經中指出很多「脫略」，貪、嗔、癡、慢、疑就是「脫略」，而戒、定、慧就是「針線」。做事情也是一樣，我們要慢慢觀，用心學習。外行看熱鬧，如果看一輩子熱鬧也太遺憾了；內行看門道，就知道針線如何穿梭。事情怎麼開始，最後如何完滿結束，都要有條理，而且始條理、終條理，從始到終都很細密，還能夠終而復始。後人評價孔子「金聲玉振」，以至於大成。「成」，本來就是樂曲結束，禮成奏樂，樂章圓滿結束，留下一個最好的背影，還能夠終而復始。

「不了處看其脫略」，是研究失敗的案例；「做了處看其針線」，是講事情的圓滿完成。也有的注解說「脫略」是指關注大局，不必涉及細節，有一點瀟脫的味道，即大方向絕對不能錯，所有細節即使沒有完全規定出來，但是最後有一個圓滿的收尾。如果是這樣理解，「脫略」不是壞的說法。人有時候少有大志，你要問他到底有什麼志向，他也說不清楚，就覺得內在有躍躍欲試的能量。志向說不清楚就有一點像《詩經》所謂的「興」了。「關關雎鳩，在河之洲」，那是自然界的求偶現象，有些人就想到「窈窕淑女，君子好逑」，這一輩子一定要追求一個窈窕淑女。人生有時候讀一些書，突然碰到什麼情景，就會像「有為者亦若是」，生出這樣的一個志向，其實他對那個志向的瞭解很有限。那沒有關係，至少他有一個大的朦朦朧朧的志向。如果真要實現，那還得用「針線」的工夫，要具體、專業、深入、瞭解，再加上持續不懈、朝乾夕惕的工夫，才會有一個終；終了之後還能夠啟發帶動下一個開始。這樣的話，脫略還算是一個大致不差的格局，即你不需要太詳細的規劃，但是你一定要有對未來的一種願景、奮發的動力。

以上兩種意思都可以說得通，繼續看下文：「小心者，從其不了處看之，疏節闊目，若不經意，所謂脫略也。大膽者，從其做了處看之，慎重周密，無有苟且，所謂針線也。」小心跟大膽是一個對比，有的人小心翼翼，有的人出手大膽。謹慎小心的人，從其不了處看他，計畫不詳盡，並沒有把事情做得非常縝密，好像沒有用心去經營，這就是「脫略」。「若不經意」，好像又不是負面的意思，像那種大畫家、大書法家隨手點兩筆，我們一輩子也畫不來、寫不來。書法家王羲之人稱「墨皇」，他的兒子王獻之怎麼練，也寫不過他，所以做子女的最好不要追隨父母的腳印。孔老夫子一個人把光芒佔盡了，他的子子孫孫有幾個數得出來？所以，名人後代也不容易，只有異軍突起、另闢蹊徑才可以擺脫父輩的光影。「大膽者，從其做了處看之，慎重周密，無有苟且，所謂針線也」，大膽的人，要從已經「收拾入門」的時候去看他，這樣就可以發現，他越是大膽，他的舉動就越是慎重周密，做什麼都是一絲不苟地完成，這就是所謂的針線。

針線如同《易經》所說的「彌綸天地之道」，要把《易經》中的針線針法搞清楚，不下工夫是不行的。

「二者實看向內處，稍移外便落情態矣，情態易見。」小心的人和大膽的人這種精神狀態，實際上都存在於內心世界，但是它們只要稍微向外一流露，立刻就會變為情態，而情態則是比較容易看到的。《冰鑑》主張不能只停留在比較淺的層次，不能只看表象，要有洞察力，要有洞見，要看到裡面跟外面的關係，即從脫略到針線都看得很深。就像《易經》中的卦，卦中有卦，還有爻變、卦變，錯綜交互，那就深刻了。「稍移外」，這一章講神骨，主要都在裡面，如果「稍移外」就「落情態矣」。情態是外現的東西，既然要觀神骨，就要看向內處，清濁邪正的判斷就不會差太多。畢竟情態易見，神骨難見。

(四) 觀骨察人

骨有九起：天庭骨隆起，枕骨強起，頂骨平起，佐串骨角起，太陽骨線起，眉骨伏犀起，鼻骨芽起，顴骨豐起，項骨平伏起。在頭以天庭骨、枕骨、太陽骨為主；在面以眉骨、顴骨為主。五者備，柱石器也。一則不窮，二則不賤，三動履稍勝，四貴異。

談完了神，就得談骨。神比較難瞭解，骨則是我們比較熟悉的。這裡主要是指頭骨、面骨。「骨有九起」，頭面之骨的貴相有九種不同的表現。「天庭骨隆起」，即天庭骨豐隆飽滿。人的相貌天庭飽滿，可以說是好相了。「枕骨強起」，「枕骨」，是指後腦勺處的骨。枕骨要充實顯露。「頂骨平起」，頂骨平正而突顯。關於頂骨，老子說「天門開闔，能為雌乎」，天門就是頂骨，即天賦的感官。天賦的感官在接觸外物時，能夠安靜保守嗎？嬰兒初生時頂骨是柔軟的，接觸外物是很敏感的，可是一旦長大、頂骨變硬，感觸能力就被封存起來，人也變得矯揉造作、嗜欲漸深。所以道家希望返老還童，嗜欲淺、天機深，天門又重開。「佐串骨角起」，「佐串骨」在太陽穴後、耳朵前，即頭骨側前方，順耳尖斜入腦。佐串骨像角一樣斜斜而上，直入髮際。「太陽骨線起」，太陽骨直線上升。武俠小說講太陽穴高高隆起的一般都是內家高手。「眉骨伏犀起」，眉骨顯而不露，隱隱約約像犀角平伏。「鼻骨芽起」，鼻骨狀如蘆筍竹芽，挺直而起。「顴骨豐起」，顴骨有力豐滿，不陷不露。過去有人說女子顴骨高聳，就要剋夫，這當然是偏見了。「項骨平伏起」，項骨平伏厚實，又約顯約露。以上就是九種骨相，看似簡單，但好像日月山川一樣，要好好揣摩其種種外露的姿態，而且還要重視整體的配置。因為相稱很重要，不能只研究局部，任何局部太突顯，就會影響整體的搭配，當然不是好相。《孫子兵法》講國力的發展、兵力的發展「稱生勝」，真正的勝利是從均衡發展開始，大國崛起要軟實力、硬實力均衡發展。人也一樣，骨相要相稱。以前講美人，要相稱到什麼程度呢？戰國時期楚國文人宋玉寫道：「增之一分則太長，減之一分則太短」，也就是說，美得恰到好處。任何美的事物一定要看整體的配置，「骨有九起」雖然是在描述局部，但是也是在描述整體的配置。那麼如何配置呢？

「在頭以天庭骨、枕骨、太陽骨為主」，頭部的骨相，主要看天庭、枕骨、太陽骨這三處關鍵部位。另外兩個如佐串骨和頂骨就為輔了。「在面以眉骨、顴骨為主」，面部的骨相，則主要看眉骨、顴骨這兩個關鍵部分。項骨和鼻骨就是次要的。九骨中有四個是次要的，抓重點就好了。

「五者備，柱石器也」，如果以上五種骨相完美無缺，此人一定是國家的棟樑之才。柱石就是棟樑，生命的根基很厚實。九骨裡面五個是最重要的，如果很出色，搭配又好，這樣的人就是大人物。

「一則不窮，二則不賤，三動履稍勝，四貴異」：具備這五種骨相中的一種，此人便終生不會貧窮；如具備其中的兩種，此人便終生不會卑賤；如具備其中的三種，此人只要有所行動，就會獲得一些小成就；如具備其中的四種，此人一定會顯貴。民間有很多摸骨大師，尤其是那種盲人摸骨，靠摸骨就能把一個人的命相說個大概。其實大多數人是根據道理來推測的。人的骨氣、骨骼結構都有理論可循，就看你觀察的工夫夠不夠專精。中國過去的讀書人大多懂一點中醫，懂得琴棋書畫，懂得基本的相面術，但是會有很多例外出現。為《冰鑑》做注的人就說「未必然」，未必全對。有正常的就有非正常的。我的老師是從政失敗才開始治學。他年輕的時候，曾對中醫感興趣，也懂得一些醫術，還有一些秘方，如治女生的青春痘。他說他懂得看相，但是看相也有例外，如民國大儒梁漱溟，長相十分奇怪。老師年輕的時候見過他，說梁漱溟的相是凶死的相，後來發現自己失算了，梁漱溟在大陸活到九十多歲。我們很小的時候，就聽過關於手指螺紋的說法，即「一斗窮二斗富，三斗四斗賣豆腐，五斗六斗開當鋪，七斗八斗把官做，九斗十斗享清福」，其實「未必然」。

(五)骨之色與質

骨有色，面以青為主，「少年公卿半青面」是也。紫次之，白斯下。異骨有質，頭以聯者為貴，碎次之。總之，頭無惡骨，面佳不如頭佳。然大而缺天庭，終是賤品；圓而無串骨，半為孤僧；鼻骨犯眉，堂上不壽；顴骨與眼爭，子嗣不立。此中貴賤，有毫釐千里之別。

除了看骨的姿態，還要觀骨色。「骨有色」，骨在裡頭，但是顯現在外面的是骨色。「面以青為主」，面部顏色，以青色為貴。為什麼說「以青為主」呢？因為古代有所謂的六氣，即青龍、朱雀、勾陳、螣蛇、白虎、玄武。青為六氣之一，居首。青也是六色之一，所謂六色如青、黃、赤、白、黑、紫，青色同樣居首。青面，當然不是我們平常想像的青面獠牙的魔鬼樣子，而是骨色映出來的。「『少年公卿半青面』是也」，俗話說的「少年公卿半青面」，就是這個意思。換句話說，在職場、官場，少年得意的有一半以上都是青面。《冰鑑》研究者何鏡海說：「青面者，深思而無情，心忍而志堅。」青面的人最適合搞政治，因為無情。像劉邦，該無情的時候絕對無情，別人沒有辦法用親情來要脅他。這種人想得深遠，而且能忍常人之所不能忍，其志也是堅剛不可奪。這樣的人適合不適合當公卿？當然適合。「深思而無情，心忍而志堅」，也就是要超越常人的思維。古代那些打天下、建功立業的人，手上大概沒有不沾血的，就算不是殺人如麻，通常也是心狠手辣。

「紫次之，白斯下」，紫面比青面略次一等，白面則是最下等。這裡講的還是面色，也就是骨表露在外面的氣，所謂的骨氣。紫面還好，對白面評價就不高了。在中國傳統戲曲裡面，白臉的一般為奸詐之人。還有，俗話說「白面無鬚不可交，矬子肚裡三把刀」。一個男人沒有鬍鬚，臉色白到沒有血色，這種人不可交。不管他是貴還是賤，小心就對了。那種個子比較矮小的不好鬥，讓人不得不提防。

「異骨有質，頭以聯者為貴，碎次之」。不同的骨有不同的氣勢，頭部骨骼以相互關聯、氣勢貫通為貴，互不貫通、支離散亂則略次一等。關於「異骨有質」，有的版本沒有「異」字，就稱「骨有質」。「以聯者為貴」，就說明整體配合的頭骨非常尊貴。頭骨搭配得非常好，就像風水一樣相互映襯。做學問、做事業也是一樣，很多事物是聲息相通的，構成相輔相成、融會貫通的體系。「碎次之」，就是說沒有融會貫通的頭骨是次一等的。所以，我們人生的佈局，始終要注意到整體情勢的貫通，不要備多力分，去做很多跟主軸不相干的事情，那樣純粹是浪費時間，對整體局勢來說根本是沒有必要的。人體也是一樣，「以聯者為貴」，相應相承為貴，支離破碎者「次之」。「總之，頭無惡骨，面佳不如頭佳」，總的來說，頭上沒有支離破碎的惡骨，是很不錯的。面骨再好也不如頭骨好重要。

「然大而缺天庭，終是賤品」，然而，如果頭大而天庭骨卻不豐隆，終是卑賤的品位。古人一般認為，頭大為吉。「缺天庭」，就是天庭骨不豐隆。天庭在頭骨中是非常重要的門面，如果天庭不飽滿，「終是賤品」。「圓而無串骨，半為孤僧」，如果頭圓而佐串骨卻隱伏不見，多半要成為孤獨的僧侶。這裡公然罵和尚。頭圓本來是吉相，但佐串骨不見，這種相貌的人大概命犯孤煞星，有一半都得出家。「鼻骨犯眉，堂上不壽」，如果鼻骨沖犯兩眉，父母必不長壽。「堂上」指父母雙親。也就是說，鼻骨過長，上沖雙眉，待在不該待的地方，小心剋父母，導致父母壽命不長。這樣的面相比較嚴重，下面更厲害，禍及子孫：「顴骨與眼爭，子嗣不立。」顴峰緊貼眼尾，必無子孫後代。顴骨如果跟眼睛緊貼，好像撈過界，對子孫當然是不利的。一個是貽害父母，一個是禍及子孫，這樣的相就不好。「此中貴賤，有毫釐千里之別」，這裡富貴與貧賤的差別，有如毫釐之短與千里之長的分別。所以要細看，要準確掌握分寸，否則，差之毫釐，失之千里。不像《人物志》還舉一些歷史人物，有事蹟可查，《冰鑑》沒有舉任何例子。但是從常識來講，像「顴骨與眼爭」這種當然不是好相，因為撈過界了，正常的面相不應該是那樣的。

剛柔第二

(一) 總論

既識神骨，當辨剛柔。剛柔即五行生克之數，名曰「先天種子」，不足用補，有餘用泄。消息直與命相通，此其皎然易見者。

「既識神骨，當辨剛柔」，鑒識神骨之後，應當進一步辨別剛柔。剛柔就是陰陽。「剛柔即五行生克之數」，剛柔，就是五行生生剋剋的道理。有陰陽，就有五行，有五行就有生生剋剋。生剋有時是人際關係的生剋，沒有辦法避免。如果你與別人相剋，想要交朋友就不可能。還有一種就是你自己跟自己相剋，跟自己過不去。「名曰『先天種子』」，稱之為先天的生命力。「先天」代表遺傳的，「種子」就如《易經》復卦（䷗）所說的天地之心，是本來就有的生命力。兩者都有一定的宿命性。「不足用補，有餘用泄」，不足的增補它，有餘的消泄它。「不足」，指陽剛不足或陰柔不足。「補」，補充，彌補。「有餘」，指陽剛有餘或陰柔有餘。這一點一般人都知道，不夠的就增補，如冬令進補。多了就要洩掉，水庫積水一旦多了，就要洩洪。《老子．第七十七章》稱：「有餘者損之，不足者補之。天之道，損有餘而補不足。」過滿了就減少一些，不夠滿就補足一些。自然的法則，就是減去有餘的並且補上不足的。換句話說，過剛、過柔都不行，要使剛柔平衡、五行相諧。

「消息直與命相通，此其皎然易見者」。「消息」二字在《易經》中屬於常用的術語，「消」是指陽消而陰長，「息」就是陰消而陽長。這句話的意思就是，陽剛、陰柔的盈虛消長，都與人的先天命數相關聯，這在比較後是很容易推論出來的。人的行走坐臥、一顰一笑都透露出無限的消息，直接通到「天命之謂性」和你一生的命運。假定你原先有一些不足或有一些有餘的，就要在後天靠著修為控制，補不足，泄有餘，五行的生剋都是如此。有的人對於自己的名字比較重視，如五行缺什麼，就補什麼。我的老師名「毓鋆」，鋆就是因為缺金，所以「均」下面加一個「金」字，要平衡平衡。這個道理一般人都知道，問題是五行沒有那麼簡單。《孫子兵法》說「五行無常勝」，誰告訴你說水一定滅火？水神共工和火神祝融大戰，是水滅了火，還是火滅了水？結果是水神輸了，輸不起，他就怒撞不周山，把天柱都給撞折了，以致地陷東南。所以，沒有那麼簡單，不是說誰一定剋誰，要看量、看質，還要看當時的狀況。《易經》中的既濟卦（䷾），卦象為水火既濟，為什麼上面的水不滅下面的火，還能互相造就？因為火與水是隔開的，上面的水沒有辦法滅下面的火。可見，生剋的關係要看具體情況，要重視整體的配合。

(二)外剛柔

五行有合法，木合火，水合木，此順而合。順者多富，即貴亦在浮沉之間。金與火仇，有時合火，推之水土皆然，此逆而合逆者，其貴非常。然所謂逆合者，金形帶火則然，火形帶金，則三十死矣；水形帶土則然，土形帶水，則孤寡老矣；木形帶金則然，金形帶木，則刀劍隨身矣。此外牽合，俱是雜格，不入文人正論。

「五行有合法，木合火，水合木，此順而合。」「合」，五行相生相剋的關係，有順逆之別，相生為順合，相剋為逆合。這裡的意思是：五行之間具有相生相剋的關係，這種關係稱為「合」，木合火即木生火，水合木即水生木，這就是順合。「五行有合法」，強調配合、合作，要從整體來配合。中國的學問非常重視整體的配合，彼此的關係超過個體。不管個體怎麼樣，在整體的配合中不恰當，個人的發展就會受到限制。就像中醫所說的人體器官功能一樣，它講腎病，不是只講腎臟，還包括了其他臟腑的聯繫。如果你只從某一個體去看它，就搞不清楚其內部整體配合、息息相關的關係。《孫子兵法》中「五行無常勝」這樣的說法，在《墨子》的〈墨辯〉中就有。〈墨辯〉如果從文辭上來看的話，是比《易經》和《春秋》還要難的。墨子行走天下，他的思想表達本來是非常淺顯的，但是淺顯的《墨子》中偏偏就有那麼難的〈墨辯〉。〈墨辯〉跟我們講很多自然人生的道理，裡面就有「五行無常勝」。換句話說，這就是中華傳統文化共同的資產，他們認識到陰陽剛柔，認識到五行生剋，同時知道這些都是不確定的，一定要考慮很多的狀況，不能倉促下結論。「五行無常勝」，須因時因地制宜，所以不定。水與火相處，怎樣才是最合適的？這要根據具體狀況來確定。任何事情都要根據具體狀況來確定最好的方式，五行的生生剋剋也是如此。

古人對於五行合法有特別的說法，特摘錄出來，供大家參考。大致如下：

約言之：木瘦金方水主肥，土形敦厚背如龜，上尖下闊名爲火，五樣入形仔細推。

分言之：木形色青不滯，體瘦修長，俱要眉目清秀，精神飽滿，腰背挺直，手指尖，聲音亮，骨多不爲有餘，瘦直不爲不足，此爲木形入格，若頭大體小，上輕下浮，腰背欹斜者，則不足取矣。

火形色赤不枯，上尖瘦，下肥壯，鬚髮稀，手清秀，腳敦實，動靜不常，反露焦躁，聲音轟烈，此爲火形入格。若面方鬚短，髮重頸粗肚小者，則不足取矣。

土形色黃不雜，身矮體壯，頭平額寬，胸闊背厚，腹圓聲沉，手掌軟，腳股肥，此爲土形入格。若眉蹇眼凸，節喉挺胸，肚小腳細身輕者，則不足取矣。

金形色白不慘，頭方正，體清潔，肉不盈，骨不薄，眉目清媚而有威，鬚髮稀疏而有秀，臍深腹裹，手細指纖，聲音響亮，此爲金形入格。若頸短喉節，筋浮骨露者，則不取矣。

水星色黑不晦，體肥形端，眉清目蔚，口闊頤圓，乳大臍深，腹下垂，手軟厚，聲圓潤，氣靜量寬，肉重骨輕，此爲水形入格。若口小齒露，神散骨粗，聲音枯焦，臀部狹小者，則不取矣。

「順者多富，即貴亦在浮沉之間」，順合者多會致富，但是不會得貴，即使偶然得貴，也是在貴與不貴之間上下浮沉。也就是說，五行順合主富不主貴，即使得貴，也不會保持長久。有錢，卻不一定貴、不一定有權，富與貴是兩碼事。而且「貴亦在浮沉之間」，突然登高位，突然貶為庶民，人生的浮沉真的很難說，但是富是沒有問題的。

人生就是浮沉，一下在水面上浮起來，一下又沉下去。就如《易經》中的坎卦（䷜），人在其中不就是浮浮沉沉嗎？有時候冒起來，有時候就沉下去。過去人常講的一句勉勵人的話說：「人生在世，升沉孰意，前途如何，在乎自立。」確實如此，人生在世的升沉，誰能料想得到呢？很多事情是由命不由人的，都是命運在擺弄人。那怎麼辦呢？沒有別的辦法，還是要自強不息。不管你是升還是沉，永遠記得自強不息。仰人鼻息，浮沉由人。自強不息，再怎麼樣都有一片天。永遠要記得，自立自強，這是不二心法。人生在世，你能靠誰？靠山山倒，靠人人老，就靠你自己。有的人，有開疆拓土、建功立業的志向，那也是浮沉。江山誰主浮沉？整個江山都有浮有沉，國運有興榮衰敗，誰來做主呢？其實自然界也是如此，整個地球是陸地多，還是海洋多？這就是土水的配合。

火與金也是一樣，雖然講真金不怕火煉，但世界上還是假金多。「金與火仇，有時合火，推之水土皆然，此逆而合逆者。」這句話的意思是，金仇火，有時火與金又相輔相成，類而推之，水與土等之間的關係都是如此，這就是逆合。「仇」，又稱「侮」，就是反剋，如火本來剋金，反過來，有時金也約束火，這就叫做金侮火或金仇火。俗語說「金火相成」，金沒有火煉，成不了有用的器具。五行之間的相仇關係有：金仇火、火仇水、水仇土、土仇木、木仇金。是仇家，是冤家，碰到彼此就相剋。金與火像仇人，但是有時「合火」，相反相成。人有金形，又有火形，只是有的盛，有的衰，這是因為搭配的方式不同。「金與火仇」的「仇」字，如果深入分析，不能完全說是仇家、仇恨，通常的仇都是因愛生恨，所以稱怨偶。怨偶開始也是偶啊，只是後來結怨，因愛生恨，反目成仇。如果「仇」的對象是陌生人，那就莫名其妙了。曾經是偶，後來有怨，怨擺不平，人生就變得仇恨難平，就如《易經》中的家人卦（䷤）變睽卦（䷥），最後變蹇卦（䷦），路走不通了，就要尋求和解，恩仇俱泯，即解卦（䷧）。「仇」字念ㄑㄧㄡˊ，是配偶的意思，一旦有怨，就變成了怨偶之仇ㄔㄡˊ。人情不容易長久，有心病了，能不能恢復交情呢？就要看未來的機會，看你怎麼合。火與金像仇人一樣，但是有時「合火」。「推之水土皆然」，就是依此類推，水淹土、土擋水，關係也緊張，但是一樣可以相互成全。

「此逆而合逆者」，這個關係就不是順合順，而是逆合逆。但是這時反而容易出人頭地，因為是非常狀況，做官的精英分子永遠是少數。「逆而合逆者」這種五行的搭配，其貴非常，雖然兩種形式相剋，但是搭配得不錯，貴不可言。《史記·高祖本紀》記載：

高祖爲亭長時，常告歸之田。呂后與兩子居田中耨，有一老父過請飲，呂后因餔之。老父相呂后曰：「夫人天下貴人。」令相兩子，見孝惠，曰：「夫人所以貴者，乃此男也。」相魯元，亦皆貴。老父已去，高祖適從旁舍來，呂后具言客有過，相我子母皆大貴。高祖問，曰：「未遠。」乃追及，問老父。老父曰：「鄉者夫人嬰兒皆似君，君相貴不可言。」高祖乃謝曰：「誠如父言，不敢忘德。」及高祖貴，遂不知老父處。

劉邦為泗水亭長時，還要下地幹活，才能維持生計。鄉野中不知名的人看到呂后和兩個兒子在田地裡鋤草，就說他們是貴人，再看到劉邦，更是「貴不可言」。「不可言」，就是不能說，因為已經貴到快要被殺頭的地步了。秦始皇得知東南有天子氣，就要東巡來鎮一鎮這種氣。這種貴，其實是有逆的成分在內，「逆而合逆」，但是配合得好，「其貴非常」。但是你還要細分，否則差之毫釐，失之千里。

怎麼細分呢？「金形帶火則然」，由於仇火，所以金形人帶有火形之相，就很高貴。金是方的，火上尖下闊，又有紅色。古人云：「金盛得火，大器鑄成。」所以真金不怕火煉，反而鍛煉成材。「金形帶火」，以金為主的形，帶一點火形，不缺燃料，可以不斷地冶煉，那一點小火燒不掉金，反而讓金更堅強，這就是「其貴非常」。如果反過來就糟了：「火形帶金，則三十死矣。」反之，火形人帶金形之相，金便被剋，所以這種人活到三十歲就要早亡。可見，火形只帶一點金形，那一點金早就燒光了，燒光就不盛了，根本不可能鍛煉堅強。「三十死矣」，可謂夭壽。如《易經》研究大家王弼，二十幾歲就走了，是不是火形帶金？金不勝火，火多反誤金。

「水形帶土則然」，如果是水形人帶有土形之相，便非常高貴。水來土掩，如果築有堅固的堤防，水難以氾濫成災，還可以規範好水，使之變成水利。這不是挺好嗎？堤壩就是土做的，可以讓水收束，這就是《易經》中萃卦（䷬）的概念。萃卦〈大象傳〉稱：「澤上於地，萃。君子以除戎器，戒不虞。」就是築堤防水的象。水壩是土堆積出來的，使水做有效的運用。「不足用補，有餘用泄」，什麼時候蓄水、放水，水跟土都配合得很好。這就是水盛，得用土去規範，故「其貴非常」，能成氣候。但是，「土形帶水，則孤寡老矣」，相反，如果是土形人帶有水形之相，那麼就會一輩子孤寡無依。也就是說，若土形帶水，一點小水，就會被多餘的土掩得光光的，就像人「孤寡老矣」，老窮終身。

再看木與金：「木形帶金則然，金形帶木，則刀劍隨身矣。」如果是木形人帶有金形之相，便會非常高貴。「木形帶金」，雖然金剋木，但是那一點金不足以剋這麼盛的木。相反的話，「金形帶木」就慘了，如果是金形人帶有木形之相，那麼就會遭刀劍之災，遇殺身之禍。金太盛，把木都砍削光，結果可能如同在戰場上被「刀劍隨身」。這就是以陰陽五行來看人的體相，就像一個分類系統。這裡舉了金與火、水與土、木與金這幾個例子，並沒有把五行的生剋全部講完，其餘的大家類推就可以得知。

「此外牽合，俱是雜格，不入文人正論。」「牽合」，牽強湊合。「文人」，是正面的意思，是很驕傲的口吻，說文人是高級知識分子，談面相、談人生，是在比較高的層次談，不是俗人、江湖術士那一套。這句話的意思是：除此之外的種種牽強附會的說法，都是些雜湊的模式，不能歸入文人的正宗理論。陰陽剛柔、五行生剋之外，誰為主，誰為輔，或者富，或者貴，或者貧寒，或者凶死、夭折，作者認為講得很全面，其餘的都是「牽合」之論，入不了文人的法眼。「牽合」之論，都是「雜格」，文人自然不屑於去談。「格」，是一種格調，本身就有正的意思，是一個標準，如人格、品格、格調。「雜格」則似是而非，配合關係也不佳，不入流，不值得談。

《冰鑑》的作者講到這裡，一定是覺得自己指點江山很得意。結果有注解家就說「未必盡然」，澆他冷水，意思是，不見得吧，你成見太深，別那麼驕傲。這是用注去破本文，大概注解家不大服氣，覺得作者所說太武斷。這個注很有意思，每個人都有他自己的人生經驗，經驗未必全面，不可一概而論。

（三）內剛柔

五行為外剛柔。內剛柔，則喜怒、伏跳、深淺者是也。喜高怒重，過目輒忘，近粗。伏亦不伉，跳亦不揚，近蠢。初念甚淺，轉念甚深，近奸。內奸者，功名可期。粗蠢各半者，勝人以壽。純奸能豁達者，其人終成。純粗無周密者，半途必棄。觀人所忽，十得八九矣。

我們看〈剛柔篇〉的最後一段。「五行為外剛柔」，意思是說，前面所說的五行，是人的陽剛和陰柔之氣的外在表現，即所謂的「外剛柔」。看來，剛柔算是很具體的了，不像陰陽那麼抽象。剛柔，《易經》的八卦也分剛柔，〈繫辭傳〉就說「陰陽合德而剛柔有體」。有的人就比較剛強，像《易經》的坎卦之類就稱「剛中」；有的人則比較陰柔，而離卦就是「柔中」。「柔中」者人際網路比較溫暖，會發光，能夠跟人配合無間。「剛中」者就不見得，這個人可能很陰險，可能很堅強，也可能平生坎坷，交朋友不會輕易付出，而是經過內心計算才付諸行動。

外面的剛柔，那只是五行顯現在外面的，諸如膚色、體型、身材。有外就有內，除了外剛柔之外，還有內剛柔，即有內在的剛柔。真正的剛是什麼？真正的柔是什麼？有時候我們不能只看外面的表象，還要看內在的本質，這就是內剛柔：「內剛柔，則喜怒、跳伏、深淺者是也。」內剛柔指的是人喜怒哀樂的感情、激動或平靜的情緒，和有時深、有時淺的心機或城府。「內剛柔」是什麼呢？《大學》云：「人之視己，如見其肝肺然，則何益矣。此謂誠於中，形於外。故君子必慎其獨也。」也就是說，看一個人的行止、動靜，可以顯現其個性的剛柔。《尚書．洪範》稱：「六，三德：一曰正直，二曰剛克，三曰柔克。平康，正直；強弗友剛克；燮友，柔克。沉潛，剛克；高明，柔克。」這裡講的是政治的大法，個性決定命運，領導人自己偏剛還是偏柔，用的幕僚臣子是偏剛還是偏柔，都有對應關係。所以，領導大致分成三種，做到第一種「正直」特別難，只能做第二種「剛克」或第三種「柔克」。孔子所說的「不得中行而與之，必也狂狷乎。狂者進取，狷者有所不為」（《論語．子路篇》）：中行者就是正直；狂者偏剛，故進取；狷者就畫地為牢，有所不為，偏柔。

有些人外表好像很溫和，說不定是外柔內剛；有些人看起來好像很剛，其實是色厲內荏，膽怯得不得了。所以，要由外剛柔的五行，看到內剛柔。內剛柔「喜怒、伏跳、深淺」，這六個字就是一個人自然而然的表現。「喜怒」，不是平常的情緒，一種是喜悅的時候，一種是憤怒的時候。「伏跳」，「伏」是情緒低迷，不大愛講話，也不願意表現，更不想搭理人，懨懨的樣子；「跳」則正好相反，情緒激昂，走路都飄飄然，走兩步還跳兩步或者轉一圈，一定是有好事來臨，或者是有一點浮躁，壓抑不住內心的情緒。還有就是「深淺」，有些人是很膚淺的，一眼就可以把他看透；有的人就很深沉，你看的時間越長越看不懂，其人城府很深，不輕易表露情緒，喜怒不形於色。老子曾教訓年輕的孔子說：「良賈深藏若虛。」一個會做生意的人，其庫存是不會告訴你的，外面顯現得好像什麼都沒有。《易經》中的賁卦（䷕）就像官樣文章，成人世界的人際應對都是假象、文飾、包裝。包裝什麼呢？包裝裡面的鬥爭、殺機，如噬嗑卦（䷔）。噬嗑的另外一面就是賁，要笑裡藏刀、口蜜腹劍。賁卦是表現在外面的色相，其〈彖傳〉分析的重點就在剛柔，如「柔來而文剛，故亨。分剛上而文柔，故小利有攸往」。這就是賁卦的結構，涉及卦象三陰三陽的剛柔搭配。柔來文剛，用柔去包裝剛，其實剛得不得了，外表柔就是假裝，這個人城府很深。剛上文柔，剛也能夠去美化柔，柔也可以去美化剛，所以不要輕易被騙。

「喜高怒重，過目輒忘，近粗。」意思是，遇到令人高興的事情就樂不可支，遇到令人惱怒的事情就怒不可遏，但是事情一過就忘得一乾二淨，這種人近於粗糙。「喜高怒重」者比較粗糙，心思沒有那麼細，其情緒都是直線條的。一高興起來，大家都知道他在高興；一生氣的時候，誰都曉得他在生氣。這種人完全不會掩飾自己的情感，做起事來也粗心大意，以至於「過目輒忘」。這樣的粗人，情緒、記性幾乎都是粗線條，當然無法做《孫子兵法．火攻篇》所謂的「明君良將」了。孫子說：「主不可以怒而興師，將不可以慍而致戰；合於利而動，不合於利而止。怒可以復喜，慍可以復悅，亡國不可以復存，死者不可以復生。」這就是智者不怒，要控制自己的情緒，不可以在情緒狂喜狂怒的時候做出戰爭的決定，否則會讓很多人送命。明君良將絕對能夠控制自己的情緒，不能近粗，否則，怎能擔大任呢？

關於「過目輒忘」，其實除了粗心大意的原因，還有對於歲月的無可奈何。歲月溜走的時候，誰都留不住。人老了，難免「過目輒忘」，老是忘掉一些事情，一天之中不知道有多少時間都在找鑰匙、找手機。我們小時候就聽說過訓練記憶力的方法，這些有用嗎？沒用。有時事情真的是忘得很快，有的人是忘小事，有的人則忘大事。這都是粗，用心不深細。「過目輒忘」很可怕，但有些人就這麼活著。

「伏亦不伉，跳亦不揚，近蠢。」「伉」，強健。「揚」，高昂。意思是，情緒平靜的時候不激昂，而情緒激動的時候也激昂不起來，這種人近於愚蠢。在低迷的時候，生命的那種剛勁完全沒有了，人家在旁邊拚命鼓勁，他還是沒精打采，對什麼都懨懨的，沒有任何興趣。這種人其實也不是沒興趣，而是真的太蠢，反應不過來，可能是生命的靈性不夠的原因。人在比較激動的時候，卻沒有那種洋洋得意、很奮進的樣子，對這種人是不是感覺沒勁？連跳的時候都不能給人以昂揚的感覺。這兩種人還好，對他們不需要有太多的戒心。還有一種人你就要提防了，這種人既不粗也不蠢。

這種人「初念甚淺，轉念甚深，近奸」。「初念甚淺」，遇到事情，剛考慮時似乎不很深刻。「轉念甚深」，一轉念又想得非常深入、非常周密。這是一種先淺後深、由淺入深的表現。淺是柔，深是剛，剛柔相濟。人就是動心機、動念頭，起心動念轉換很快，一轉念就想到很深很深，這種人是什麼人呢？「近奸」，奸詐。人有時候對別人居心叵測、心懷不軌，也不見得是第一念，但是就是因為念頭一轉，就動了壞主意，心中就在計算、佈局、推敲，開始察言觀色。所以，人的第一念通常還是善念多，《易經》中算卦也是靠第一念，「初筮告，再三瀆」。我們不能說「近奸」的人壞透了，他不會見人第一面就打壞主意，總要稍微接觸之後，才盤算怎麼利用、陷害人，得到他想要的東西。對於這種人你要觀察，往往是「初念甚淺」，關鍵就在那一轉，「轉念甚深」，就「近奸」。「近奸」說明作者還是留有餘地，沒有說此人一定是奸詐之人，只是告訴你要小心提防，這個人可能是奸詐之人。

要注意的是，這個奸才有意思呢，很多成功的人都非常奸：「內奸者，功名可期。」「內心奸詐的，懂得用腦筋，心思很細密，城府很深，遇事能進能退、能屈能伸，日後必有一番功業和名聲可以成就。也就是說，在名利場中，如官場，你要是不懂得奸一點，早就沒了前程。就算沒有什麼害人之心，防人之心是一定要有的。形形色色的人中，王八兔子賊、神仙老虎狗，樣樣人皆有。「內奸者」，才適合在官場中混。換句話說，如果是粗、蠢之人，得罪人還不知道，踩到人家腳還沒有感覺。近粗、近蠢的人，到了官場就等於是送死。「內奸者」懂得用腦筋，思慮很深，就算一開始沒進入狀態，馬上會有所警覺。這種人就可以做官，獵取功名。

「粗蠢各半者，勝人以壽。」「粗蠢各半」，既粗俗又愚蠢的人，「勝人以壽」，即以壽勝人，壽命比一般人要長。又粗又蠢的人，沒有別的長處，就是活得長。也算是妙哉了。其實也有道理，那種內奸者，天天要動腦筋，擔心這個，盤算那個，機關算盡，心力自然耗費得多，怎能長壽呢？粗蠢者不用花什麼腦筋，有什麼情緒也不用掩飾，想吃就吃，想喝就喝，想睡就睡，自然活得順心。粗蠢者既不會成功，也不會失敗，活得暈暈乎乎的。「勝人以壽」，超過別人的地方就是活得特別長。既單純，也快樂，不必想那麼多，所以想要活得長，還是粗蠢一點比較好，心思太細膩不行。你看林黛玉，心思太細膩，絕不粗蠢，很快就香消玉殞。

可見，太敏感容易感情受傷，太用心機也活得累，壽命都不見得會長。但是，「純奸能豁達者，其人終成」。「純奸」，內外俱奸。「豁達」，指心胸開闊，舉止大度，做起事來縱橫捭闔，行動自如。這種人，其心可以任意支配其剛柔，喜怒不形於色，行動隨心所欲，將來一定能夠功成名就。成功者稍微用一點心機，但是很豁達，就像劉邦「純奸能豁達」，跟人相處得很愉快，轉念也很快，從善如流。

「純粗無周密者，半途必棄」，「純粗」，指性情過剛而且一味性剛的人，這種人做事自然無周密可言。「棄」，廢，敗。無論幹什麼必然要半途而廢。「純粗無周密」者，心思不周密，腸子都是直的，難免半途而廢、功虧一簣。直腸子就沒有辦法對付人。人的腸子是彎的，彎彎腸子才能夠吞鐮刀頭。要跟人拚一拚，就要把腸子弄彎，這就是鬥。要做大事、取江山，純粗的人絕不可能做到，比如項羽。無論幹什麼，必然要半途而廢。那種匹夫之勇的人，只能當夥計，老闆就得有些「純奸能豁達」的味道。像劉邦這種，一般人就學不來，他是天生的無賴，天生的豁達，前面失敗幾次，後面依然可以重整旗鼓，馬上又鬥志昂揚。有些人就老忘不掉、放不下、豁不出去，焉能成事？「純奸而能豁達，其人終成」，因為百折不撓，想得開，中間即使有一些挫折不如意，馬上就拋掉了。重整舊山河，再出發，又有什麼關係呢？

「觀人所忽，十得八九矣。」以上這些，就是「內剛柔」，如果你能觀察到人們忽視的地方，差不多就有十之八九的準確度了。一般人看人，常常忽視特別重要的地方。如果一個人能看到一般人看不到的地方，偏偏那裡就是關鍵之處，看人自然是八九不離十。有心人注意到了，觀察入微，這些被大家忽視的地方可能就是你的成功之處。所以，要留心，要特別注意細節。有些觀察能力是先天的，有的就靠後天的嚴格訓練。尤其是一些特殊行業，像間諜學校訓練特務，就專門訓練這些。不要小看細微處，那裡可以決生死。

容貌第三

(一)總論

容以七尺為期，貌合兩儀而論。胸腹手足，實按五方；耳目口鼻，全通四氣。相顧相稱則福生；如背如湊，則林林總總，不足論也。

「容貌」與「神骨」不同，骨在裡頭，貌在外面。「容」，一般指人的整個軀體，還包括人的舉止、情態等。「貌」，則指人的面部形象或狀貌。容貌也是我們接觸人時最重視的地方，「外貌協會」是也。舊時的宗廟之廟，就用貌來解釋。祖先宗廟中，一般擺著祖先的遺像或靈位，見到這些就如見其人。正所謂「廟者，貌也」，一到廟裡，那種感覺就來了。

「容以七尺為期」，觀人形貌以七尺軀體為限度。「期」，就是期限，指限度。「七尺」，指人的身軀，一般稱人的身軀為七尺之軀。古代尺小，一尺大約現今的二十三公分，換算成今天的尺寸，七尺大約是一百六十一公分，算不上高個兒。以前說人身高八尺，有一米八四左右。「容以七尺為期」說明這個尺度是一個人起碼的身高，能勉強接受。「貌合兩儀而論」，面貌要以兩儀來評斷。「兩儀」，即陰陽，可以擴充為天地、男女、剛柔等相反相成的事物。人的貌為什麼要以兩儀來論呢？兩儀很抽象，在我們的容貌中什麼叫兩儀呢？一個是頂天立地的概念，天地是兩儀，頭頂天，腳立地，一個人的身形，即頭與足之間的配套關係，也就是圓顱方趾。頭圓像天，趾方像地。那麼，頭就要昂揚，腳就要厚，立地穩。這種相配的關係，要很恰當，這就叫「貌合兩儀」。另一個就是面部的兩儀。在我們臉上也有兩儀的對照，一個是額頭，天庭飽滿，還有下巴，這也是配套關係。古人常用「天庭飽滿，地閣方圓」來形容一個人，天庭和地閣說的也是兩儀的關係。一個是從全身來看，一個是就臉來看。

「胸腹手足，實按五方；耳目口鼻，全通四氣。」「五方」指東、西、南、北、中五個方位。人的胸腹手足，其實是按五方，即東西南北中來分的。耳、目、口、鼻都是能開竅的地方，與人體五臟之竅，跟四時之氣——春夏秋冬也是相對應的。在與四時的搭配上，肝主目，眼睛為肝之竅，屬春氣。口外有唇通脾，為脾之竅，屬四季末；口中有舌通心，為心之竅，屬夏氣。鼻子通肺，為肺之竅，屬秋氣；腎主耳，耳朵為腎之竅，屬冬氣。可千萬別小看四時之氣，《易經》就非常重視四時。如革卦（䷰）稱「天地革而四時成」；節卦（䷻）也說「天地節而四時成」；觀卦（䷓）、豫卦（䷏）都說「四時不忒」。要精確到沒有一點誤差，無論是養生還是治國，差一點兒都不行。還有《易經》占卦的「大衍之數五十，其用四十有九。分而為二以象兩，掛一以象三，揲之以四以象四時」，也與四時有關。四時之氣，息息相關，人的耳、目、口、鼻這些開竅的地方，都通四時之氣，當然很重要。

「相顧相稱則福生」，人體的各個部位如果相互照應、匹配，具有整體感、和諧感，就會為人帶來福分。也就是說，整體的配合比什麼都重要。因為人的生命是整體的，個性也是整體的，有時候太突顯某一個部分，別的地方不完美，不能搭配，就會壞了全局。「相顧」代表整體和諧；「相稱」指勻稱、均衡。如果相顧相稱，你就有福了。「如背如湊，則林林總總，不足論也」。「如背如湊」，就跟「相顧相稱」完全相反；「背」即背離，「湊」，湊合，勉強搭配；勉強把五官、身體的部位湊在一起，沒有整體搭配的感覺，像湊數一樣，擠在一起。「林林總總」，多而散亂的樣子，指兩個極端——有大福和有惡禍之外的，都是庸才。「不足論也」，沒有什麼好討論的。這裡的意思是，如果人體各部位背離或勉強搭配，形貌就會顯得紛紜散亂，其命運就不值一談了。《冰鑑》的作者很驕傲，覺得其他那些都不入文人正論，不值得一談。

可見，配合得好，雖然各自有缺陷，彼此能夠照應，就有福。不光是一個人的長相如此，一個團隊也是如此。一流高手聚在一起組一個團隊，很可能難成大事，因為他們不相顧、不相稱，完全是個人英雄主義，你不服我，我不服你。像《易經》中精英薈萃的萃卦，就需要一個磨合期，不然很難進入升卦（䷭）的高成長局面。漸卦（䷴）的雁行團隊就是「相顧相稱」，飛行的大雁各盡其職，沒有離群的孤雁，這樣才是一個團隊。有的東西看著是聚在一起了，可是整體的表現很差，沒有團隊的效益，沒有相稱的效果，就像「如背如湊」一樣，難免會起禍端。現在有的籃球隊，大牌明星在一起，沒有相顧相稱，這樣能贏嗎？根本就湊不起來，這就是「林林總總，不足論也」。所以，千萬不要湊數，湊起來的只能是烏合之眾。「相顧相稱」的才是精英團隊。面對一個團體，沒有把握，就先別定形，磨合一段時間再說，如果磨了不能合，那就不必勉強。

藝術作品也一樣，「相顧相稱」在藝術作品中非常重要，就如郭沫若在〈白鷺〉一文中所說的「增之一分則嫌長，減之一分則嫌短，素之一忽則嫌白，黛之一忽則嫌黑」。「相顧相稱」給人的感覺是整體的，人生、事業的佈局，都得重視整體的顧、稱。《易經》中的謙卦告訴我們，兼顧天地人鬼神的平衡，必有福報，必得善終。

(二) 論容

容貴整，整非整齊之謂。短不豕蹲，長不茅立，肥不熊餐，瘦不鵲寒，所謂整也。背宜圓厚，腹宜突坦，手宜溫軟，曲若彎弓，足宜豐滿，下宜藏蛋，所謂整也。五短多貴，兩大不揚，負重高官，鼠行好利，此為定格。他如手長於身，身過於體，配以佳骨，定主封侯；羅紋滿身，胸有秀骨，配以妙神，不拜相即鼎甲。

「容貴整，整非整齊之謂」，人的姿容貴在「整」，這個「整」並非整齊的意思。也就是說，「整」不是我們一般所瞭解的那麼簡單，而是指完整性、整體性，即上文所說的「相顧相稱」，屬於有機的氣運配合的問題。

「短不豕蹲，長不茅立，肥不熊餐，瘦不鵲寒，所謂整也。」「短不豕蹲」，人個子矮，沒有關係，但千萬不要像豬蹲在地上那樣。「長不茅立」，個子比較高的，不能像孤單的茅草那樣聳立著隨風飄搖。茅草的比喻很形象，一個人像竹竿一樣高，還不打緊，如果像茅草那樣輕飄飄的，就不好了。「茅立」，代表這個人個子高，但很輕浮，不穩重，給人的感覺就不好。「豕蹲」，代表這個人個子矮，又不雅，彎著腿蹲在那裡，顯得短小猥瑣。「肥不熊餐」，熊力大無窮，吃東西時狼吞虎嚥，有的人肥胖，可能就是因為「熊餐」，老是吃吃吃，吃好像是他人生最快樂的時候，就給別人留下不好的印象。一個人胖，沒有關係，但要胖得可愛，不要表現出熊吃東西的那種樣子。「瘦不鵲寒」，喜鵲孤瘦、清寒，有些人瘦，但瘦得很有精神，有些人卻瘦得像喜鵲一樣孤寒。那都不是好相。換句話說，不在乎你高矮胖瘦，千萬不要給人極端的感覺。矮不要豕蹲，豕蹲則不雅；高不要茅立，茅立隨風倒；肥不要熊餐，熊餐貪婪樣；瘦不要鵲寒，鵲寒孤苦相。「所謂整也」，這是所謂的「整」。

前面說不能那樣，應該怎麼樣呢？下面就舉例了：「背宜圓厚，腹宜突坦，手宜溫軟，曲若彎弓，足宜豐滿，下宜藏蛋，所謂整也。」這也是一般論相常有的概念。「背宜圓厚」，背部要渾圓而厚實。「腹宜突坦」，腹部要很平順，雖突出但不是鼓鼓的大肚皮。「手宜溫軟」，手要溫潤柔軟。這句話一定聽過吧？貴人的手握著的時候感覺特別好，有些人勞苦出身，手握著就沒這個感覺，如握粗糙礫石。「曲若彎弓」，手背則要彎曲如弓，像彎弓射箭的感覺，屈伸自如。腳更有意思了：「足宜豐滿，下宜藏蛋。」腳要豐厚飽滿，腳心要空，能藏下雞蛋。換句話說，腳掌中間是凹的，不是平的。所以，扁平足不能當兵，因為這種腳在行軍中難以持久。腳底的穴叫湧泉穴，內家功在練功時要把湧泉穴放空，這樣移動起來才可以吸地氣。「所謂整也」，這也是所謂的「整」。

「五短多貴，兩大不揚，負重高官，鼠行好利，此為定格。」「五短多貴」，五短身材的人雖看似不甚了了，卻大多地位高貴。「五短」是指頭短、面短、身短、手短、腳短。好多個子矮小的人，在歷史上赫赫有名，如拿破崙等。人雖五短，但是勻稱，整體配合好，其相當然貴不可言。「兩大不揚」，手腳粗大的人往往命運不佳。有的版本認為「兩大」應該是「六大」，但是一般認為就是「兩大」。「兩大」專指手腳，如果手也大、腳也大，那麼幫人家打掃庭院倒是挺合適的。粗手大腳不是貴相，「揚」是往上走，發揚光大，人生很光明。如果手也大、腳也大，做勞力、苦力很合適，當然「不揚」，沒有很光明的前途。如果依據有的版本改成「六大」，那就麻煩了，頭、額、眼睛、鼻子等都大，哪有這樣的人呢？我們通常講粗手大腳不好，手腳是做事的。勞心者治人，勞力者治於人，股肱一定都是幫人家奔走的，如果做心腹就不同了。所以手腳大是「不揚」的，前途不光明。關於「五短多貴」，有注解家說：「五者雖短，骨肉細滑，印堂明闊，五嶽朝揖者，公卿相也；雖具五短而骨肉粗惡，五嶽傾陷，仍主下賤；或上長下短，則多富貴；或上短下長，則多貧賤，此中有區別也。」雖然五短，但是不一定貴。有的人骨肉粗惡，五嶽（相學術語，指人的面部各個部位，依方位而定。額為南嶽，下巴為北嶽，臉左為東嶽，右為西嶽，鼻端為中嶽）是塌陷的，不是朝天的，那還是下賤。還有一種說法：上半身長、下半身短的多富貴，因為他不需要多走路，發號施令就好。如果上短下長，腰以上很短，腿很長，像那些名模，只能在台上走來走去給人家看。換句話說，五短多主貴，但不是全貴，還要看其他地方的搭配。「負重高官」，一個人走路特別穩重，一步步走過來，好像負重，那是高官之相。高官本來就是要承擔重任的，走路不會一下子往這邊搖，一下子往那邊晃，會很端正、很穩重。這種人「身重腳輕，行不動搖」，移動起來不會飄飄蕩蕩，走路的氣勢就讓人感覺不一樣。

「鼠行好利」，還有一種人走路像老鼠般步子細碎急促，兩眼左顧右盼，必是好利之徒。這有點像《易經》晉卦（䷢）的第四爻「晉如鼫鼠」。大老鼠刻薄貪婪，走路的樣子就絕對不是「負重高官」，而是左顧右盼、細細碎碎、目光閃爍。「此為定格」，這些都是固定的人格，屢試不爽。

除了「定格」之外，還有其他的樣子。「他如手長於身，身過於體，配以佳骨，定主封侯」，其他的如兩手長於上身，如過膝，上身比下身長，再有著一副上佳之骨，那麼一定會有公侯之封。「手長於身」，「身」是指上半身，即上身。手長於上半身，從肩膀算起，像劉備手長過膝，是貴相。「身過於體」，「體」是下半身，即下體。「體」字，不是我們常說的總體，而是一部分，如「四體不勤」，四體講的是手足，手足是身體的一部分，而且是行動的部分，不是發號施令者。這裡的體是指下體，「身過於體」就是上半身比下半身長，也有富貴的可能。如果再「配以佳骨」，骨相不錯的話，「定主封侯」，一定是國家棟樑了，可以封侯。在古代，得有功勞才可以封侯。侯是可以世襲的，這是爵位。像曾國藩，以他的大功來講，平定太平天國，使得清朝中興，按理說封王都不為過，但是他沒有封王，而是被封為一等毅勇侯。為什麼呢？因為清朝初年的時候有規制，即「漢不封王，滿不點元」，漢人功勞再大，不可以封王，而滿人不可以點狀元。滿人不要去跟漢人比考試，在做學問方面，漢人本來就有天生的優勢。漢人不能得到王位，只能封侯。

「羅紋滿身，胸有秀骨，配以妙神，不拜相即鼎甲。」有人羅紋佈滿全身，胸部骨骼文秀別致，再有一副奇佳的神態的話，那麼以後即便不能拜相，也會得中鼎甲。「鼎甲」，指古代科舉殿試一甲三名：狀元、榜眼、探花。如一鼎之三足，故稱鼎甲。狀元居鼎甲之首，因而別稱鼎元。在科舉時代，鼎甲是讀書人的榮耀。

（三）論貌

相貌家有清、奇、古、怪之別，總之須看科名星、陰騭紋，為主。科名星，十三歲至三十九歲隨時而見；陰騭紋，十九歲至四十六隨時而見。二者全，大物也，得一亦貴。科名星見於印堂眉彩，時隱時見，或為鋼針，或為小丸，常有光氣，酒後及發怒時易見。陰騭紋見於眼角，陰雨便見，如三叉樣，假寐時最易見。得科名星早登，得陰騭紋遲發。二者全無，前程莫問。陰騭紋見於喉間，又主子貴；雜路不在此格。

「相貌家有清、奇、古、怪之別」，相貌家說相貌有清秀、奇妙、古樸、怪異的分別。關於「清、奇、古、怪」，也有的版本為「清、奇、古、秀」。有注解說：「清如寒水，奇如美玉，古如蒼岩之老松，怪如泰山之磐石。雜之千萬人中，見而異之者，乃清奇古怪之貴相，凡有此格，必主操修過人，功業隆重，聲聞天下。」有人給你清的感覺，像寒水，或者其人如玉，還是那種美玉的感覺。一個人有古風，就像蒼岩上的老松，如果怪異，則像泰山的磐石。這些人在茫茫人海中，別人見到他們就會有不同的感覺，認為這個人有貴相。這樣的人在某一方面有特別的造詣，或者是修行中人。具有這幾種清奇古怪的相的人，其修為、操守一定跟一般人不一樣，其成就一定卓越，其聲名一定聞於天下。在這句話之後，有的版本則是「總之不必」就斷句了。意思是，不一定是這樣，就是說不必拘泥於以上「清、奇、古、怪」四格。但有的版本，沒有「不必」二字，與下文對照。「不必」二字似衍文，因為到此斷句，語義不大通。如此一來「總之」二字應該與下文「須看科名星、陰騭紋為主」一起連讀。

「總之須看科名星、陰騭紋，為主」，以科名星和陰騭紋為主去辨別。「科名星」，古人認為是上騰於天庭而凝結於帝座的黃光紫氣，位於印堂與眉彩之間。「陰騭紋」，兩眼下臥蠶內的部位，此紋主陰德之事。人積陰德，表現在很多地方，如長相、氣質。古人云：「一命二運三風水，四積陰德五讀書。」如果命不好，運不好，風水也差，又不積陰德，只有讀書才是最後的挽救手段。南懷瑾先生就說道教的神仙沒有不讀書的。

「科名星，十三歲至三十九歲隨時而見」，科名星在十三歲到三十九歲這段時間，隨時都可以看見。以前重視科名，科名星在一定的年齡中會顯現。古人認為，人的青年期從十三歲開始，壯年期至三十九歲為界限。科名星在這段時間能「隨時而見」，是強調科名星是天生的，能主年少時的榮辱。

還有「陰騭紋，十九歲至四十六歲隨時而見」，陰騭紋在十九歲到四十六歲這段時間，隨時都可以看到。十九歲至四十六歲，是一個人的發展成熟階段，見識增加，修養加深，因此會有陰騭紋出現。與科名星對比，陰騭紋似乎更注重後天的積陰德，故遲發。人們常說，一個人四十歲以後，長相要自己負責。因為決定你最後的長相的是氣質。如果你還是長茅立、短豖蹲、肥熊餐、瘦鵲寒，四十歲以後就沒救了。修得好，自然而然就有一個佳相出來。

「二者全，大物也，得一亦貴。」有些人這兩個都有，那是大人物，如果只有其中之一也會貴。這句話有的版本為：「二者全，大貴也，得一亦貴。」大貴也講得通，「得一亦貴」，就是比較小的貴了。

科名星在哪裡呢？「科名星見於印堂眉彩，時隱時見，或為鋼針，或為小丸，常有光氣，酒後及發怒時易見。」科名星顯現在印堂和眉彩之間，有時會出現，有時又隱藏不現；形狀有時像鋼針，有時如小球，是一種紅光紫氣，在喝酒之後和發怒時容易看見。酒精可以把一些平常隱藏得很好的東西逼現出來，如酒後吐真言，反正是身上有什麼毛病都表現出來了。假定你是大人物、是貴人，科名星平時看不見，隱藏得很好，酒後及發怒時就容易看見。

陰騭紋就不是了，「陰騭紋見於眼角，陰雨便見，如三叉樣，假寐時最易見。」陰騭紋出現在眼角之處，遇到陰天或下雨天便能看見，像三叉股的樣子，在人裝睡的時候最容易看見。陰騭紋在陰雨天能看到，大晴天還看不到，裝睡的時候就顯出來了。

「得科名星早登，得陰騭紋遲發」，有科名星者少年時就會發達，有陰騭紋者發跡的時間要晚一些。科名星是在年紀比較輕的時候有，屬於少年得志。陰騭紋可謂大器晚成，四十六歲時陰騭紋還可以看見。就古人來講，四十六歲做官已經很老了。不像現代人，六十幾歲還很年輕呢。我在年輕的時候，覺得五六十歲都是老先生、老太太。現在遇見五六十歲的人，你叫人家老先生，他一定不高興。「二者全無，前程莫問」，兩者都沒有的話，前程就別問了。「陰騭紋見於喉間，又主子貴」，陰騭紋還蔭及子孫，如果見於男人喉結的地方，他的小孩會貴。「雜路不在此格」，假定陰騭紋在別的地方，又不在喉間，又不在眼角，那對不起，什麼貴都沒有，因為它出現在不該出現的地方。

(四) 貴賤

目者面之淵，不深則不清。鼻者面之山，不高則不靈。口闊而方，祿千鍾。齒多而圓，不家食。眼角入鬢，必掌刑名。項見如面，終身錢穀。此貴徵也。舌脫無官，橘面不顯。文人不傷左眼，鷹隼動便食人。此賤徵也。

「目者面之淵」，人的眼睛看上去很深，眼眶也是凹下去的，整個面部裡，眼睛如深淵，眼光要淹得死人，這才是好的格。「不深則不清」，如果不夠深，就沒有那種魅力。「鼻者面之山」，我們的鼻子，如同凸起的山，又聚在當中。「不高則不靈」，鼻子要挺拔，才會有靈氣。塌鼻子肯定不行。

「口闊而方」，口要寬闊，還要方正。「祿千鍾」，有千鍾之福祿。「齒多而圓」，牙齒細小而圓潤。「不家食」，適合在外面發展。「口闊而方」，大嘴吃四方。方就要有一點稜角，但是女人如果是這個樣子，大概也好看不了。「齒多而圓」，齒多還要圓潤，像珠貝，確實難。「不家食」，就是《易經》大畜卦（䷙）卦辭所言「不家食吉」，即大有發展，有開拓能力。

「眼角入鬢」，眼的尾端延伸到鬢角了。「必掌刑名」，必掌司法大權。看來，「眼角入鬢」者，有威勢，一身正氣，可以震懾邪人。「項見如面」，脖子特別突顯出來，與面相似。「終身錢穀」，能掌財政大權。「此貴徵也」，以上都是貴相。

「舌脫無官」，有的人大舌頭，講話不俐落，讓人聽起來很累，這種人不能當官。像韓非，文章寫得那麼好，可是口吃，沒做成官不說，還丟了性命。當官要講話，舌脫怎麼講呢？「橘面不顯」，面部肌膚粗糙如橘子皮的人不會顯達。有的人面相像橘皮一樣，到處都是很深的皺，不曉得是青春痘沒治好，還是別的原因，也是沒有好官做的。

「文人不傷左眼」，文人左眼不能受傷。這一點不知道是根據什麼，還特意點出左眼。下面就講鷹鉤鼻了，這是大家的共識。「鷹隼動便食人」，鼻子如鷹嘴的人一動就要吃人。《冰鑑》的作者大概受過鷹鉤鼻的迫害。「此賤徵也」，這些都是貧賤的徵兆。

《史記・越王勾踐世家》記載：范蠡遂去，自齊遺大夫種書曰：「蜚鳥盡，良弓藏；狡兔死，走狗烹。越王為人長頸鳥喙，可與共患難，不可與共樂。子何不去？」此處說勾踐頸子很長，嘴巴像鳥喙。范蠡認為，從越王勾踐的長相，就可以看出此人只可以共患難，不可以共富貴。他勸文種早日引退，不要一直跟著勾踐，但是文種沒有聽勸，結果被迫自殺。

《易經》中的頤卦，整體來講，是談養生的精髓，許多重要的原則都在其中。頤卦（䷚）的卦象就是人的一張臉，顯現出人的整體形、容、氣、色的生態，裡面有佈局，也有配合。頤也是吃，「舍爾靈龜，觀我朵頤」，一張大口大快朵頤。還有「虎視眈眈」等，都在臉上看得到。整個頤卦，上下兩個陽爻，中間四個陰爻，就是一張臉，所以七情都在臉上。頤卦談養生、養心、養氣，也談修養，要養正才吉。如果養得不正，修養就有問題，會影響面部的整個表現，這就是「誠於中，形於外」。為什麼說四十歲之後你的長相要自己負責？因為此時人的修為差不多定型了，如果沒有做到孔子所說的「四十不惑」，那麼你內心中亂七八糟的東西，在面相上絕對藏不住。可見，要想整個面相好，歸結到最後，還是要提升你的修為。先天的面相無法自己選擇，但可以靠後天的修為改變面相。修到最高境界，即使是《莊子．德充符》裡面的那些天殘地缺的殘疾人，也能非常有魅力，男人喜歡，女人也喜歡。頤卦就是這樣，不只是膚淺地吃吃喝喝的養生，而是涉及生命精神的修養境界。

情態第四

(一) 總論

容貌者，骨之餘，常佐骨之不足。情態者，神之餘，常佐神之不足。久注觀人精神，乍見觀人情態。大家舉止，羞澀亦佳；小兒行藏，跳叫愈失。大旨亦辨清濁，細處兼論取捨。

「容貌者，骨之餘」，「餘」，是外在表現的意思。第三章、第四章和第一章、第二章是有關聯的。第一章講神骨，神影響到我們的情態，骨影響到我們的容貌。神跟骨都是不大容易看見的，顯現在外面的，就是我們的神態。神態顯然包含動態的變化。第三章講容貌，充滿了動態，變來變去。容貌跟骨有關，即「容貌者，骨之餘」。牙科醫生認為，人的牙齒就是骨之餘。牙齒稍微出一點問題，就能令人痛苦不堪。

「容貌者，骨之餘」，容貌是骨骼的外在表現。其實，容貌並非僅僅是「骨之餘」，而是骨、肉、神三者的綜合性產物。容貌就是骨的內涵展現到外面。骨是最基本的架子，「常佐骨之不足」，容貌常常能夠彌補骨骼的缺陷。

「情態者，神之餘，常佐神之不足」，情態是精神的外在表現，常常能夠彌補精神的缺陷。這句話的意思好懂。光談神，過於玄遠，現在教你觀察具體的情態：觀察人，要觀察他的情，觀察他的態。有一些高手可以直接看透人的神，一般人沒有那麼豐富的經驗，也不敢一天到晚瞪著眼睛看人，只能去捕捉對方的情態了。

「久注觀人精神，乍見觀人情態」：長時間注目觀察，要看人的精神；乍一看見，則要先看人的情態。掌握人的精神沒那麼容易，要久看。嬰兒才有這個本領，嬰兒才會好奇地盯著陌生人不放，被盯的人不會覺得難堪，有時反而覺得很榮幸。如果是成年人一直看著你，你一定會覺得對方不禮貌，有壓力，估計一會兒就受不了了。我們常會用眼角餘光看人，或者偶爾瞟一下，不敢注視太久，隔幾秒鐘，馬上把視線移開。那麼你在短暫的時間內能看什麼呢？情態。「乍見觀人情態」，人的情態很豐富，情態有變化，舉手投足間就可以顯露，反映一個人當時的心情變幻，是動態的、可視的，不需要久視就能把握。

人的一生中，眼睛敢直視他人的生命時段是很短暫的，只有嬰幼兒時期那幾年。長大些就有心眼兒了，不敢直視他人。《孟子》裡面說人有惻隱之心，乍見一個小孩掉到井裡，馬上就想下去救他，但是再一想，自己也會有危險，就不一定救了。此可謂「乍見觀人情態」的最佳注解。

「大家舉止，羞澀亦佳；小兒行藏，跳叫愈失。」這幾句文辭很美。「大家」，指內在修養和外在風度均達到極高境界的人。我們常說大家閨秀、世家子弟，就是說這些人很有教養。「大家舉止」，就指那種安詳靜穆、閒雅沖淡的舉止。「羞澀亦佳」，有時候即使有一點害羞，但依然是大家風範，羞澀也是一副佳相。羞澀並不影響大家的氣度、格局，這就是「大家舉止，羞澀亦佳」。相反，「小兒行藏」則是「跳叫愈失」。「小兒行藏」，不是指小兒的行藏，而是指像小兒般的行藏，不管多大年紀、多高的地位，完全是一個幼稚的娃娃，做事浮躁，沒有辦法安靜幾秒鐘。「跳叫愈失」，用又跳又叫之類的幼稚舉動去掩飾真相，反而偏離很遠。人生有時候動，有時候靜，時止則止，時行則行，就是「行藏」。「行藏」跟《論語》有關。《論語．述而篇》中，孔子說顏回跟他的行事風格很像：「用之則行，舍之則藏，惟我與爾有是夫。」如果社會用我，就行我的抱負；如果不用，就藏起來。行也可以，藏也可以，絕不遷就，絕不降低格調、迎合世俗。可是有些人不管是行，還是藏，都像個娃娃。這個娃娃可不是那種可愛的嬰兒樣子，而是幼稚、不成熟、浮躁。「大家舉止」偶爾帶一點羞澀，人家還覺得好，但是「小兒行藏」，表現得鬧哄哄的，在不恰當的時候講一些話，拚命動作，讓人覺得糟糕。那種浮躁態，怎麼可能有成就呢？

「大旨亦辨清濁」，觀人情態時，最重要的是辨清濁。一種人是清，飄逸出塵，很乾淨；一種人就是濁，一天到晚鬥鬼心眼，習氣重，業力深。清、濁很重要：滄浪之水清兮，可以濯吾纓；滄浪之水濁兮，可以濯吾足。有些人你看了之後會自慚形穢，就像照鏡子，可以正得失。有些人你看了之後，會覺得全身都不舒服，好像自己也要被扯下去墮落，到陰溝裡面打滾兒。所以，辨清濁很重要。「細處兼論取捨」，「細處」，指各種具體的有生動細節的情態。辨清濁是最重要的，但是不能總是抓一些大概，還要落實到細膩的地方。對細處不但要分辨清濁，還要分辨主次方可做出取捨。你要交這個朋友，取他什麼優點，或者你要放棄這個朋友，少碰為妙，都得再往細處看。

(二)論常態

人有弱態，有狂態，有疏懶態，有周旋態。飛鳥依人，情致婉轉，此弱態也。不衫不履，旁若無人，此狂態也。坐立自如，問答隨意，此疏懶態也。飾其中機，不苟言笑，察言觀色，趨吉避凶，則周旋態也。皆根其情，不由矯枉。弱而不媚，狂而不嘩，疏懶而真誠，周旋而健舉，皆能成器；反此，敗類也。大概亦得二三矣。

下面又細分了。「人有弱態，有狂態，有疏懶態，有周旋態」，人常見的情態有四種：委婉柔弱的弱態，狂放不羈的狂態，怠慢懶散的疏懶態，交際圓滑周到的周旋態。人的情態的確很有趣，有的人有弱態，有的人呈「狂態」，有的人呈「疏懶態」，有的人呈「周旋態」。在社會上「周旋態」的人是很多的。周旋就是《易經》履卦（䷉）上爻的概念，要周旋，要踩老虎尾巴，就得「視履考祥，其旋元吉」。「旋」就是周旋，周旋才會處事圓融，結果是元吉。人際酬酢，半真半假地應付，人生有時就需要周旋。孟子說：「動容周旋中禮者，盛德之至也。」（《孟子·盡心下》）人的動作容貌與應對進退都合乎禮，那是德行的最高表現。這說明，人生就像舞蹈的動作一樣，「動容周旋」，無不中禮，都得踩在鼓點上，恰到好處，合乎禮的規範。可見，很多事情都要周旋，要處置圓滿，就得去應付，且不能僵硬地應付。「弱態」和「狂態」有相對的意思，有的人很柔弱，有的人很狂，天不怕、地不怕的樣子。「疏懶態」跟「周旋態」也有一點相對的意思。有些人身心疏懶，就不喜歡跟人家周旋，他也不見得完全不會周旋，而是懶得講那些場面上的話，好像講假話身上會長疹子。有些人就特別喜歡周旋，講一百遍謊話，也是完全面不改色，臉不紅，氣不喘，而且樂在其中。這就是情態的一個概略的分法：弱態、狂態、疏懶態、周旋態。任何一個小的社群、組織，都有這樣的人，那麼這四種情態具體又是怎樣的呢？

「飛鳥依人，情致婉轉，此弱態也。」如小鳥依人，情致婉轉，嬌柔親切，這就是弱態。弱態的人好像很需要保護的樣子。人們看到小鳥依人、情致婉轉的樣子，愛護之心就會自然生出。

「不衫不履，旁若無人，此狂態也。」衣衫不整，甚至有時連鞋子也不穿，這種不修邊幅的樣子，再加上恃才傲物、目空一切、旁若無人，就是狂態了。狂態有點像我們前文講李世民年輕時候的樣子，虬髯客看見他就覺得自己得江山無望了。在這種人心目中，似乎天下沒有他能看得上的人。有些人非常重視自己的儀容，每天穿的即使不是新衣，也要乾淨整潔。現代職場女性每天出門前花半個小時甚至更長時間修飾打扮自己，為的就是有一個好的儀容，讓人看了賞心悅目。而有些人根本就不在乎這些，「不衫不履，旁若無人」，這種狂生之態，難免令人矚目。

「疏懶態」呢？「坐立自如，問答隨意，此疏懶態也。」坐著或站著都很自如，有人問，也不緊張，想怎麼說就怎麼說，這就是疏懶態。「坐立自如」，有的版本為「坐止自如」，但「坐立自如」更為貼切。「疏懶態」的人不分場合，不論忌宜，他才懶得為了跟你對話而精心準備一番。他不太講究這些，也不在乎這些，隨便怎樣都可以。「坐立自如」，沒有壓力，不害怕；「問答隨意」，張口就答，沒有任何壓力。

下面這種「周旋態」，就是城府比較深，有了很多考量：「飾其中機，不苟言笑，察言觀色，趨吉避凶，則周旋態也」。把心機深深地掩藏起來，處處察言觀色，事事趨吉避凶，與人接觸圓滑周到，這就是周旋態。「飾其中機」，心機城府很深，不願意讓人家知道他內心打什麼主意，所以把內心掩蓋起來，不讓心機顯現出來。「不苟言笑」，不隨便說話、發表言論，不隨便笑。這種人不苟言笑，就給了他冷靜觀察別人的時間，與人交談或交往時會「察言觀色」。一般人拚命在那表演的時候，就被別人觀察了。「察言觀色」者，細聽別人講話，看別人講話時的表情、動作等。「飾其中機，不苟言笑，察言觀色」的目的當然是「趨吉避凶」。周旋就是要趨吉避凶，不要硬碰硬，不講人家不愛聽的話。這樣的話，就可以把自己保護得非常好，跟別人怎麼周旋都不會落下話柄，不會給人挑出毛病，外表看似面面俱到，其實他心中才不是這個想法。

分析了這四種情態之後，就下結論了：「皆根其情，不由矯枉。」意思就是：這些情態，都來自內心的真情實性，不是出於虛飾造作。也就是說，一個人的生命形態會很自然地顯現為這四種。這四種情態是內在情感在處世風格上的流露，都是根源於每個人形形色色的情，不是造作出來的。疏懶的人即使不得不講話，也是講得越少越好，然後馬上又回到原有的狀態中去。疏懶態的人懶於周旋，周旋態的人小心謹慎。這種生命情懷、個性表現出不同的情態，我們可以去瞭解這些情和態。弱態可能緣於弱情，狂態可能緣於狂情，疏懶態是不想花那麼多工夫去搭理人，周旋態卻樂此不疲。這些都是自然而然的表現，絕非矯揉造作。讓弱態的人表現出狂態，就不是一般的難。讓疏懶的人去周旋，也會讓人覺得好奇怪。所以，還是扮演你自己吧，不要勉強自己。

「弱而不媚，狂而不嘩，疏懶而真誠，周旋而健舉，皆能成器。」「弱而不媚」，委婉柔弱而不曲意諂媚。媚就有一點取媚於人的味道，裝出可憐兮兮的樣子，讓大家都愛護你。弱能夠不媚，這樣的弱態是可取的，不是裝可愛，是真性情。「狂而不嘩」，這個人不衫不履，有狂氣，也目中無人，但是他不會喧嘩呼喝。如果又狂又嘩，那就令人討厭了。「狂而不嘩」，自然流露出來的就是睥睨天下的氣勢，雖然不衫不履，但絕不會在眾人面前大呼小叫，過分誇張自己的情態。「疏懶而真誠」，懶散不羈卻坦誠純真。這樣的人無論是在家裡還是在外面，不管是面對父母家人還是對待別人，一概都是以疏懶對之，但是他真誠。這樣的疏懶態就很可取了，假如他對別人畢恭畢敬、卑躬屈膝，對你卻擺出一副疏懶的態勢，這樣的疏懶就令人反感。「周旋而健舉」，周旋應付，總也不得罪人，但是行為舉止有剛健的氣魄。一個做事的人，要接觸形形色色的人，所以不得不周旋，周旋就要有很強大的行動力。「皆能成器」，這些都是人物，要好好琢磨，日後都能成為有用之才。雖然弱，但是不媚。雖然狂，但不嘩。雖然疏懶，但是卻很真誠。周旋能健舉，是幹才，做事的時候，一點也沒有後退，一點也沒有逃避、推卸責任，勇於任事。這四種態，哪一種都能成器。

「反此，敗類也」，這四種情態反過來的話，就是敗類：弱的人諂媚於人，狂的人喧嘩取鬧，疏懶的人不真誠，周旋是出於自私自利的目的。我們看，在同樣的情態之中，要正反兼顧，一種是成器的，一種是敗類。「大概亦得二三矣」，如果觀察到這些情態中的細節，看人的準確度差不多能達到二三成。但是這個結果我們不大滿意，因為只看到二三成，還有七八成看錯的風險。

注解《冰鑑》的人對這一段後面的四態如是說：「媚為弱之病，嘩為狂之病，真誠為疏懶之藥，健舉為周旋之藥。能明乎此，孰為成器，孰為敗類，望而十得二三，非侈論也。」媚是弱的病，這樣講意思比較清楚，取媚於人，有時候裝可憐，確實是弱態的毛病。嘩是狂的毛病，喜歡大喊大叫，突顯他了不起。真誠呢？卻是疏懶的藥，藥是拿來治病的，如果你夠真誠，疏懶一點，大家也會理解你。就怕那些裝的人，像有些做作的藝術家，一付疏懶的樣子，讓人看了就感到說不出來的難受。看起來好像他很疏懶，衣服也不穿整齊，其實是裝出來的怪樣，這就不真誠，令人討厭。人的習性，人的外在表現，有時候會成病，真誠就是對治的良藥。勇猛精進是周旋態的良藥。有的人花了大半輩子的時間，淨在做周旋的舉動，一件實事也沒幹。要知道，周旋是為了做事，要減少阻礙，不樹敵，不得不周旋，但是最終還是要做事的。一個是病，一個是藥，「能明乎此」，如果能夠充分瞭解誰是成器、誰是敗類，一眼看過去，即使對這個人還沒有完全摸透，但是大概已經看懂兩三成了。或者說，十個人之中有兩三個人，你如此判斷就能抓到其實質。這些「非侈論也」，不是胡扯，更不是吹牛。

(三)論變態

前者恆態，又有時態。方與對談，神忽他往；眾方稱言，此獨冷笑；深險難近，不足與論情。言不必當，極口贊是；未交此人，故意詆毀；卑庸可恥，不足與論事。漫無可否，臨事遲回；不甚關情，亦為墮淚；婦人之仁，不足與談心。三者不必定人終身。反此以求，可以交天下士。

「前者恆態」，前一段所說的，是人們在生活中經常出現的情態，稱之為「恆態」。「恆態」，在大部分的時間裡，表現比較穩定，沒有太大的反差。我們講弱、狂、疏懶、周旋時，談到不要媚、不要嘩、要真誠、要健行，但不一定永遠都是這樣；「又有時態」，在特殊的時機，有變化的情態。在艱難困苦、顛沛流離的時候，還能保持常態嗎？很難，有時就變了。江湖險，人心更險的時候，情態是不一樣的。《易經》蹇卦說「蹇之時用大矣哉」，時用就是一種時態之下的用，還有「睽之時用大矣哉」，從家人變睽時心理不平衡，絕對影響情態。所以，人在時變的時候，情態就不一樣，一定會有變化。有常態，就有非常態，即有「恆態」，又有特殊時機、時勢下的「時態」。「時義大矣哉」，「時用大矣哉」，「時大矣哉」，都是「時態」的表現。

下面的觀察就很細膩了。「方與對談，神忽他往」，正跟他對談聊天，他的整個心神突然轉到別的地方去了。你跟他談話，他根本就沒專心聽你講，足見他毫無誠意。我們跟人談話的時候，都很在乎對方到底有沒有聽，結果發現他注意別的東西去了，你心裡當然不會高興。「眾方稱言，此獨冷笑」，眾人言笑正歡的時候，他卻在一旁漠然冷笑。大家都在稱讚某個人或某件事，唯獨某人在冷笑，足見這個人冷峻寡情。「深險難近，不足與論情」，城府深沉，居心險惡，不能跟這類人建立交情。「深險難近」的人很難接近，這種人你跟他交往，哪裡能論友情、談交情，簡直就是傷感情。

「言不必當，極口贊是」，別人的言論未必完全妥當，他卻在一旁連聲附和。一句話或一個主張，不見得合適、恰當，可是某位老兄直說：「好啊，好啊。」怪了，好在哪裡呢？我們也不懂他為什麼要說好，是他太膚淺還是有什麼目的？領導人講話，或者專家學者發表意見，說了一句不是很恰當的話，有些人卻極口稱讚，搞得大家很錯愕。聽到明顯不當的言論，他還是要討好這個講話的人，足見此人胸無定見。「未交此人，故意詆毀」，還沒有跟一個人打交道，卻在背後對人家進行惡意誹謗和誣衊。跟別人沒有深刻的交往，連淺交都沒有，甚至都沒有見過面，就拚命講別人的壞話，足見此人信口開河、不負責任。「卑庸可恥，不足與論事」，這類人氣質平庸，卑鄙可恥，做任何事情不必跟他講，也不要和他共事。

「漫無可否，臨事遲回」，無論遇到什麼事情都不置可否，一旦事到臨頭就遲疑不決、猶豫不前。這種人是懦弱型，不說好，也不說不好，就是猶豫半天，不做決定。懦弱型的人不敢做決定，不敢為自己的決定承擔責任。「不甚關情」，跟他搭不上什麼關係，沒有什麼切身的利害關係；「亦為墮淚」，也能哭成淚人。這就是多愁善感，感情特別脆弱。「婦人之仁，不足與談心」，這類人的仁慈純屬「婦人之仁」，不能跟他們推誠交心。

「三者不必定人終身」，以上三種情態不一定能夠決定一個人終身的命運。第一種，屬於陰險的，「不足與論情」，我們交朋友，就希望能跟他論情，但是這種人不行，屬於內有惡犬的人，還是迴避為好。第二種，「不足與論事」。前兩種是論情、論事。第三種是「不足與談心」。交好朋友到底是為什麼呢？有時是論情，有時是論事，談談怎麼做事，看看有沒有合作的空間。還有一種就是要談心。這三種中，談心不容易。相識滿天下，知音有幾人？有一次，我去人民大學講課，有一位學生是專門做投資理財的，她們這種行業都是靠交朋友來開拓人脈。她說，她的手機裡存著七百多個朋友的手機號碼，但是某一天下午，她突然想找個人談心的時候，發現這七百多個人中找不到一個可以談心的朋友。所以，談心很難，世上有幾個人能跟你談心呢？「三者不必定人終身」，這三種人已經把神態都給你描摹出來了，但這三種情態，也不一定能夠決定一個人終身的命運。因為人會變，你不要因為他有時候冷笑或者懦弱不做決定，就隨意批評人家，想把人家踩下去，認為他這一輩子沒有改變的可能，不要認為此時可以蓋棺論定。要知道，未來的他還會變。我們不能說看了這種「時態」，就說這個人一輩子就是如此。由於後天的修為、遭遇，或者碰到「包蒙」、「擊蒙」式的引路人，人還是可能改變的。覺得他沒有什麼變化的時候，你就要多加小心，別找錯了談心、論事或論情的對象，否則一定有挫折感，而且完全是浪費時間，徒增困擾。雖然不能說就把人家一輩子定了，但還是要注意，「時態」在一定的時間內有相當的有效性。

「反此以求，可以交天下士」，如果能夠反以上三種人而求之，那麼就幾乎可以遍交天下之士了。交天下士，就要懂得反復其道。要用心，而不是去死背每一個經驗，經驗永遠是有限的。要活學活用，「不可為典要，唯變所適」。人物學也是這樣，「恆態」四種，大都是天賦，與生俱來就是這個調調，沒有辦法。「時態」三種，跟後天的遭遇、刺激有關。所以注解《冰鑑》的人說：「恆態四種，大都天賦；此言時態三種，直是人為。其一陰險，其二詐偽，其三懦暗。交友共事者，不可不知此。」

鬚眉第五

(一) 總論

鬚眉男子，未有鬚眉不具，可稱男子者。「少年兩道眉，臨老一林鬚。」此言眉主蚤成，鬚主晚運也。然而紫面無鬚自貴，暴腮缺鬚亦榮：郭令公半部不全，霍驃驍一副寡臉。此等間逢，畢竟有鬚眉者，十之九也。

「鬚眉男子」，這是人們常說的一個詞。鬚眉可以作為男子的代名詞。鬍鬚和眉毛是表示大丈夫氣概的重要標誌，古人對此一直都很重視。中醫學又說，鬚屬腎，腎又屬水，故鬚性陰柔而近水，下長而宜垂。而眉屬膽，膽又屬火，所以眉性陽剛而近火，故上生而宜昂。

相書上認為鬚是松柏，代表人的生命力，生命力的強弱就顯示於此。鬍鬚漂亮有光彩，代表此人有旺盛的生命力。而眉是雙眼的華蓋，突顯面部的威儀。通常認為眉主少年富貴，鬚主老年福壽，所以少年得志的人兩道眉往往清秀，而老來幸福的人鬍鬚潤澤發亮。

正常的男子一般都有鬚眉，只有太監才鬚眉全無。俗話說「嘴上無毛，辦事不牢」。「未有鬚眉不具，可稱男子者」，沒有鬚眉的人不能稱為男子。「少年兩道眉，臨老一林鬚」，這是一句俗話。意思是說，觀看人的命相，年輕時要著重看兩道眉毛，中老年時期主要看一叢鬍鬚。年輕的時候鬍鬚還不那麼發達，就看兩道眉；臨老了，鬍鬚就叢生了，像樹林一樣，那就是一個人的生命形態，甚至是後天修為的表徵。「此言眉主蚤成」，「蚤」即早。一個人少年時的命運如何，要看眉毛的相。是不是少年得志，從人的眉毛可以看出。「鬚主晚運也」，晚年運氣怎麼樣，則以看鬍鬚為主。人的運勢從上面慢慢走到下面，從少年看眉開始，往下走到晚年看鬚。鬍鬚大有學問，長在什麼部位，稱呼都不同。生在上唇的稱「髭」，生在下唇的就稱「鬚」，生在頤頰（腮頰）的就叫「髯」，貼近耳朵長的稱「鬍」。髭、鬚、髯、鬍，通稱為鬍鬚。

下面講了些經驗之談，還列舉了一些歷史人物。「然而紫面無鬚自貴，暴腮缺鬚亦榮。」但是也有例外，臉面呈紫氣，即使沒有鬍鬚，地位也會高貴；兩腮突出者，就算鬍鬚稀少，也能夠聲名顯赫。「郭令公半部不全，霍驃驍一副寡臉。」「郭令公」就是唐代平定「安史之亂」的名將郭子儀，他曾任中書令，世稱郭令公。郭子儀平定「安史之亂」有功，多次受到朝廷封賞，因而位極人臣。「霍驃驍」指霍去病，漢武帝的愛將。這位少年將軍曾經橫掃大漠，封冠軍侯，位高權重，但是死得很早。「一副寡臉」，指臉上沒鬍子，光光的。霍去病是少年英雄，沒有讀什麼兵法，他認為在戰場上臨機應變打勝仗最重要，兵書讀了不會用也是白搭。三國時期的孫權曾經勸大將呂蒙讀書，呂蒙就去讀書，馬上氣質改變，而且擊敗了關羽，不再是當年的吳下阿蒙。可見，有些人的才氣是天生的，有些人是後天苦學的。假如有很好的資質，又肯用功，那麼成就就不得了了。但是天資太好的人，可能不大願意下死工夫。郭子儀可謂福祿壽俱全，八十五歲過世，子子孫孫一大堆，又跟皇家結親。人一輩子要完美是很難的，做高官、享清福、又活得長，郭子儀佔全了。傳說行伍出身的郭子儀，年輕時在軍中因某事犯法當斬，被李白撞見。李白見他容貌非凡，認定郭子儀他日必為國家柱石，急忙求見天子，討了一道赦敕，赦免郭子儀，許他戴罪立功，救了郭子儀一命。這個故事在《警世通言》中有記載，《新唐書．李白傳》也有如此說法。但是否真實，還有待考證。郭子儀和霍去病都是歷史名人，都建功立業，一個長壽，一個早夭。「郭令公半部不全」，很難想像他只有半部鬍子，大概是鬍鬚稀疏。雖然半部不全，但是他得享富貴。「霍驃驍一副寡臉」，霍去病沒有鬍子，可是也建功立業、出人頭地。這是談例外，換句話說，不是必然的。像紫面無鬚還是貴，該貴的就是貴，擋也擋不住。據說三國時期的孫權就是紫面，孫權即位的時候很年輕，他可以號令三軍，自有他的威儀。對曹操來講孫權是小輩，對劉備來講孫權也是小輩，可是後來三國鼎立。有時候曹操說「紫面小兒」，就是說孫權這個紫面娃娃。紫面這種面容，不需要鬍鬚來彰顯尊貴。而「暴腮缺鬚」，即沒有鬍鬚，也會榮顯。「暴腮」這兩個字確實不怎麼討喜，露腮而且無鬚，但這種面相的人就富貴利達。郭子儀、霍去病，大概就屬於這兩種面相。

「此等間逢」，「逢」就是遇到。這種例外是少見的，在歷史上，或在人世間，偶爾會碰到這種鬍鬚長得不完整、也不漂亮，但是大富大貴的人。「間逢」，說明概率不大，可能千萬人中碰到一兩個。「畢竟有鬚眉者，十之九也」，畢竟有鬍鬚有眉毛的人，佔百分之九十以上。

男子十之九都有鬚眉，在古代就用鬚眉代表男子。那時主要是男人做事業，女人有時候連名字都沒有。現在的女性生活在一個好時代，不然只能叫張氏、李氏，只有姓氏，連名都沒有。此處講「鬚眉」，鬚、眉一個在上、一個在下，一個主少、一個主老。

(二)論眉

眉尚彩，彩者，杪處反光也。貴人有三層彩，有一二層者。所謂文明氣象，宜疏爽不宜凝滯。一望有乘風翔舞之勢，上也；如潑墨者，最下。倒豎者，上也；下垂者，最下。長有起伏，短有神氣；濃忌浮光，淡忌枯索。如劍者掌兵權，如帚者赴法場。個中亦有徵範，不可不辨。但如壓眼不利，散亂多憂，細而帶媚，粗而無文，是最下乘。

下面就講得很細了。「眉尚彩」，眉崇尚光彩。彩在什麼地方呢？在眉尖上，即眉梢，就像稻禾的芒，最細最尖的地方。「彩者，杪處反光也」，所謂的光彩，就是眉毛梢部閃現出的亮光。眉梢那個地方還有反光，那是上品的相。眉目傳情、眉飛色舞，都是描繪眉的動態。「貴人有三層彩，有一二層者」，富貴的人眉毛共有三層光彩，有的只有兩層，有的只有一層。三層彩是怎麼疊上去的呢？三層指的是眉毛根處一層，中處一層，梢處一層。「三層彩」是最好、最難得的，非偉人不能有。人的高貴等級就是由「彩」層數區分：三層最貴，兩層次之，一層又次之。

「所謂文明氣象，宜疏爽不宜凝滯」，貴人有三層彩，也有一兩層彩的，這就叫文明氣象。眉彩的表現，「宜疏爽不宜凝滯」，凝滯不開朗，就有點糾結，疏爽則很爽朗，很開闊，沒有糾結的壓力。「宜疏爽」，就是眉毛要疏密有致、清秀潤朗。「不宜凝滯」就說明不要都擠在一塊兒，不然會顯得厚重呆板。

「一望有乘風翔舞之勢，上也」，疏爽不凝滯的眉，一看就好像兩隻鳳在乘風翱翔飛舞，這是最上品的眉相。「如潑墨者，最下」，如果像一團散浸的墨汁，則是最下等的眉相。也就是說，眉如果像張大千的潑墨畫那樣，就是最下品。「倒豎者，上也；下垂者，最下」，雙眉倒豎，是好的眉相；雙眉下垂，是下等的相。「長有起伏，短有神氣」，眉毛就那麼短一段，還得有起伏，在人的臉上真的是看到了世界，看到了風水。有的人眉毛很長，像長眉羅漢，眉毛都快到耳朵了。眉毛長沒有關係，只要不太單調，中間有起伏之勢，有看頭、有變化。眉毛短也沒有關係，短的要有神氣。「濃忌浮光，淡忌枯索」，眉毛當然有濃有淡，有的人眉毛黑，有的人眉毛就是灰灰白白的，看不清楚。如果你的眉毛濃，就不要呈現浮光。如果你的眉毛淡，切忌形狀乾枯無生命意趣。樹葉掉光謂枯，了無生機謂索。成語「索然無味」就是對什麼都沒興趣，天天就在家裡躺著。眉毛枯索，看著都沒勁，生命哪還有力量呢？

「如劍者掌兵權，如帚者赴法場」，雙眉如果像兩把鋒利的寶劍，必將成為統領三軍的將帥，而雙眉如果像兩把破舊的掃帚，則會有殺身之禍。眉毛如劍者，有殺氣，鎮得住人，領兵才有威勢。「個中亦有徵範，不可不辨」，另外，這裡面還有各種其他的跡象和徵兆，不可不認真地加以辨識。有很多東西是有規格的，你一定要細辨。

「但如壓眼不利，散亂多憂，細而帶媚，粗而無文，是最下乘。」另外就是一般人都瞭解的，眉毛壓到眼睛絕對不好，不美觀不說，眼睛都難以睜開，生這種眉的人不是很得志。眉毛散亂，沒秩序，沒美感，一天到晚愁眉苦臉，顯得枯耗破敗。還有眉毛如果很細，還帶了一點兒媚氣，也不是好事。這樣的眉相表示其人陰柔太過，陽剛不足，多操賤業。眉形過於粗闊，沒有文秀之氣。上述都屬於最下等的眉相。

其實任何事物在一個有限的範圍內都是疏爽強於凝滯，凝滯則揮灑不開，氣勢不夠，也不通暢。

(三)論鬚

鬚有多寡，取其與眉相稱。多者，宜清、宜疏、宜縮、宜參差不齊；少者，宜健、宜光、宜圓、宜有情照顧。捲如螺紋，聰明豁如；長如解索，風流顯榮；勁如張戟，位高權重；亮若銀條，早登廊廟。皆宦途大器。紫鬚劍眉，聲音洪壯；蓬然虬亂，嘗見耳後。配以神骨清奇，不千里封侯，亦十年拜相。他如「輔鬚先長終不利」、「人中不見一世窮」、「鼻毛接鬚多晦滯」、「短髭遮口餓終身」，此其顯見耳。

「鬚有多寡，取其與眉相稱」，有的人鬍鬚多，有的人鬍鬚少，但都要與眉毛和諧匹配。也就是說，鬍鬚的多寡不是特別重要，還是要與眉毛保持整體的相稱。你不要上面眉毛一點點，下面鬍鬚一大堆；或者下面鬍鬚稀疏，上面眉毛又濃又密，這些都是不相稱。鬚眉相稱，要有整體的配合，才會有美感。現代人對鬍鬚當然是沒有那麼在乎了，每天都刮得光光的，但是我的老師那輩人對鬍鬚是很重視的。有時和人交談高興了，常常是眉飛色舞，鬍鬚一拉一捲，很是愜意。近人于右任、古人關雲長都是有名的美髯公，他們對鬍鬚都是很重視的。曾有人問于右老，晚上睡覺的時候鬍鬚怎麼辦呢？鬍子是放在被子裡頭還是外頭？這一問題把于右老考倒了。平時都是順其自然，根本沒有注意這個事情，結果人家一問，搞得他無所適從，放裡面也不對，放外面也不對，直接失眠。人生很多事情就是這樣，沒講以前，你覺得根本不是問題；別人一講，處理起來，這也不是，那也不是，真的難為。

下面就講鬍鬚了。首先是多的鬍鬚：「多者，宜清、宜疏、宜縮、宜參差不齊。」「清」，指清新俐落。「疏」，指疏朗有致。「縮」，指不散不亂。「參差不齊」，指長短配合得當。意思就是，如果你鬍鬚多，應該清新俐落，疏爽明朗，不散不亂，並且長短有致。

「少者，宜健、宜光、宜圓、宜有情照顧。」「健」，指鬍鬚剛健有生氣。

「光」，指鬍鬚潤澤發亮。「圓」，指鬍鬚圓潤、生動、不呆板。「有情照顧」，彼此有情，互相照應，指鬍鬚與其他部位均衡，整體趨於和諧。這句話意思是說，如果鬍鬚少，就要求潤澤發亮、剛健有力、圓潤生動，與其他部位相互呼應。「有情照顧」，人有情，就守望相助，如上一代照顧下一代，上一代老了，下一代反過來照顧上一代。鬍鬚少，沒有關係，少有少的好，如果能夠「宜光、宜健、宜圓」，「有情照顧」，整體呈現就很完美。

「捲如螺紋，聰明豁如」，鬍鬚捲起來像螺紋那樣，這種人聰明豁達。「長如解索，風流顯榮」，「解索」就是斷裂與磨損後的繩子。鬍鬚細長，像磨損的繩子一樣，這種人生性風流倜儻，將來一定能顯達榮耀。

「勁如張戟，位高權重」，「勁」，有力。「張」，張開。「戟」，古代兵器，在長柄一端裝有金屬以作槍尖，槍尖旁邊還有月牙形鋒刃，是矛和斧的綜合體。這句話的意思是，鬍鬚剛健有力，如一把張開的利戟，這種人將來一定居高位、握重權。

「亮若銀條，早登廊廟」，「廊廟」，廟是王宮的前殿和朝堂，廊是宮殿四周的走廊，「廊廟」是古代君臣議政的地方。「早登廊廟」是古代人朝思暮想的。鬍鬚亮如發光的銀子，這種人年輕時就能在朝廷當重臣。「皆宦途大器」，以上這幾種鬚髯的人，將來是官場上的重臣。

「紫鬚劍眉，聲音洪壯」，古人認為，「紫鬚」配「劍眉」，再加以洪亮雄壯的聲音，其相大貴。「蓬然虬亂，嘗見耳後」，鬍鬚像虬那樣蓬鬆、勁挺又散亂，並且有時還長在耳朵後面。「虬」，古時傳說中帶角的小龍。「虬亂」，像虬鬚般堅挺散亂。「配以神骨清奇，不千里封侯，亦十年拜相」，這種鬍鬚，再配上神骨清奇，這種人不是千里封侯，就是十年拜相。

「他如『輔鬚先長終不利』、『人中不見一世窮』、『鼻毛接鬚多晦滯』、『短髭遮口餓終身』」。其他的鬍鬚，如輔鬚先長出來，終究沒有好處；看不到人中，一輩子受苦受窮；鼻毛連接鬍鬚，命運不順利，前景黯淡；短髭太長遮住嘴，一輩子忍饑挨餓。「此其顯見耳」，這些鬍鬚的凶象，是顯而易見的，這裡就用不著詳細論述了。

「輔鬚先長終不利」，鬍鬚有主鬚、有輔鬚，主要的鬍鬚還沒有長出來，旁支的鬚就先長出來了，「終不利」。不重要的東西先長出來，主要的東西還沒有長出來，這種情況結果不會好。青春期少年的那些輔助性的鬚如果先長出來，主要部分的鬍鬚還沒長出來，等於是雜草先長出來了，那麼運途就有問題了。順序不對，主角還沒有出現，配角先出來了。「人中不見一世窮」，一般來講人中總要有一定的寬度、長度，它不但跟生命的長短有關，還跟富貴貧賤有關。如果人中窄，再加上鬍鬚亂長，人中整個被遮蔽，則一世窮。那怎麼辦呢？乾脆把鬍鬚剃掉算了，至少人中還可以看得到。「鼻毛接鬚多晦滯」，鼻毛跟鬍鬚碰頭了，人生的發展就晦暗停滯。「短髭遮口餓終身」，短髭把嘴巴擋到了，就吃不到四方，終生較窮。你看，幾根鬍鬚都這麼麻煩，我們現在剃掉鬍鬚倒也省事。

聲音第六

聲音、氣色是國人常用的語彙。古人認為，「聲」與「音」有密切關係但又有本質區別。「聲」來自「物」，「音」則來自「聲」。聲音有大小、長短、緩急、清濁之別，古人認為，這些都與人的命運息息相關。有的聲音繞樑三日，餘韻不絕。有些人就破鑼嗓子，乾巴巴的，再不然就是像太監一樣講話尖聲尖氣。聲音是與命運相通的，人特別重要的表達要靠聲音。《易經》非常注重聲音之道，其中專論聲音的豫卦（䷏），就跟作樂有關。莊子講天籟、地籟、人籟，「籟」就是樂，是一種節奏，一種共鳴，一種脈動。作樂反映心聲，甚至反映時代、反映整個氣象，所以通天地人鬼神。豫卦〈大象傳〉講「先王以作樂崇德，殷薦之上帝，以配祖考」，作樂崇尚的是德，表達對上天虔誠到極點、熱烈到極點的尊崇，這樣才能與鬼神溝通。《易經》中與聲音有關的還有震卦（䷲），震卦是生命的主宰發出來的聲音，「帝出乎震，萬物出乎震」，非常有生命力。震卦從開始到最後，聲音的力量由強而弱，從「震來虩虩，後笑言啞啞」、「震來厲」、「震蘇蘇」、「震遂泥」、「震往來厲」到最後的「震索索」，越往上，生命越衰微，發出來的聲音也越發沒有感染力。震卦初爻「震來虩虩」是那麼飽滿的震，但是受到了很大驚嚇，以致「笑言啞啞」，沒有聲音了，說話都不成調了。第二爻就面臨一個大的衝擊——「震來厲」，要逃難了，跑到高山上去。第三爻未老先衰——「震蘇蘇」。第四爻拖泥帶水——「震遂泥」。第五爻「震往來厲」，希望重振雄風，卻禁不起這加倍的震。上爻就完蛋了——「震索索」，飽受恐懼震撼。這些都直接對生命造成影響，人生這種不斷的考驗，足以令人恐懼修省。人在大部分時間會覺得鼓不起勇氣，很軟弱。面對外界的震，好像只有初爻、五爻尚可一觀。其他的時候都被打得稀哩嘩啦，在那種情況下發出來的聲音一定是萎靡的、軟弱的。

我們接著來看《冰鑑》的「聲音章」。

(一)總論

人之聲音，猶天地之氣，輕清上浮，重濁下墜。始於丹田，發於喉，轉於舌，辨於齒，出於唇，實與五音相配。取其自成一家，不必一一合調，聞聲相思，其人斯在，寧必一見決英雄哉？

「人之聲音，猶天地之氣」，人的聲音，跟天地之間的氣一樣。一開始就把人的聲音抬得很高，直接通天地。在《易經》中，「天地之氣」就是泰、否二卦，泰卦（䷊）「天地交」，否卦（䷋）「天地不交」，結果就是否卦的「小往大來」或者泰卦的「大往小來」。泰卦地氣在上，天氣在下，一個往上走，一個往下走，自然有交流的機會，當然就通。否卦就糟糕，天氣在上，地氣在下，各走各的，哪裡有交流的機會呢？當然不通。所以，人昂揚的時候，就有泰的感覺，從他的聲音就可以聽出「人逢喜事精神爽」。而心情處在低谷的時候，就是否了，說不出話來，不是「包承」就是「包羞」。不僅人的聲音通天地之氣，一切都受天地之氣的影響。這是造化所弄。天氣上升，地氣下降，「輕清上浮，重濁下墜」，清者輕而上揚，濁者重而下墜。陽氣往上升、陰氣往下降，火往上燒、水往下流。

「始於丹田」，聲音起始於丹田。「丹田」，指人體臍下一寸半至三寸的部位。「始於丹田」這個理論看似簡單，但是大多數人不會從丹田發聲，所以經常話講多了就聲嘶力竭。《莊子．應帝王》中說，壺子可以「機發於踵」，生機可以從腳跟發出。這樣氣就綿長了。我們一般人發聲只在喉間，很是消耗津液。「始於丹田」，告訴我們聲音的源頭在哪裡，「發於喉」，在喉頭發出聲響。「轉於舌」，至舌頭那裡發生轉化。

有的人舌粲蓮花，舌頭滴溜轉，別人講不過他，一講就要承受挫折感。「辨於齒」，在牙齒那裡發生清濁之變。聲音的發出絕對跟牙齒的排列有關。「出於唇」，最後經由嘴唇發出去。聲音的發出要經過這麼多的分工。如果不協調一致，聲音要好確實難。人的聲音發出來，在理論上來講是最美的，超過一切樂器。所有的樂器發出來的聲音，不會像人的聲音那樣變化自如。聲樂家或者曲藝家，真的需要保養，不能只保養喉、舌、齒、唇，而是要從丹田開始保養。到底是什麼東西在主宰聲音呢？一個是往上的陽氣，一個是往下的陰氣，中間的丹田、喉、舌、齒、唇要配合好。這跟天地之氣是一樣的，《易經》中的十二消息卦就是如此，有時候陽消陰長，有時候陽長陰消。聲音重要不重要呢？當然重要。念經、誦佛號、持咒，都是聲音，聲音發得不好，估計觀世音都不來救你，因為聽不到。聲音是不可思議的，永遠是清氣上浮，濁氣下墜，始於丹田，發喉、轉舌、辨齒、出唇，真的不能小看聲音。「實與五音相配」，這一切都與宮、商、角、徵、羽五音密切配合。陰陽五行家認為：「五行散而為萬物，人生萬物之上，聲亦辨其五音。」五音之中，宮屬土，商屬金，角屬木，徵屬火，羽屬水。宮聲沉厚，商聲和潤，角聲高暢，徵聲焦烈，羽聲圓急。

「取其自成一家，不必一一合調」，「自成一家」，即獨具一格。「不必」，即不一定。這句話的意思就是觀人識人的時候，要去辨別他獨具一格的聲音，他的聲音不一定完全與五音相符合。與五音相配，但不是一一合調。人生氣的時候、人歡喜的時候、人有所圖謀的時候，發的聲音絕對不同。

「聞聲相思，其人斯在，寧必一見決英雄哉」，只要聽到聲音就會想到這個人，聞其聲即如見其人，不一定非要見到其人的廬山真面目並一決雌雄。這個很有趣。有些人我們很仰慕，很想見見面，甚至想跟他較量較量，一決雌雄。想見這個人，又不一定見得到，就買他的錄音帶，不管走到天涯海角，一聽聲音耳朵馬上就熱了。換句話說，你永遠見不到這個人，你跟他生於不同的時代，但可以神交、可以音交，不一定要見到本人，或者一定要在什麼時間、什麼地點，排除萬難去聽對方的聲音。「聞聲相思，其人斯在」，他還是在，只是形體不在。「寧必一見」，哪裡說非見面不可呢？看來，還是耳根比眼根靈通。不一定要見面，若是一言不合就會決雌雄，還不如「聞聲相思」呢。

(二)論聲

聲與音不同。聲主張，尋發處見；音主斂，尋歇處見。辨聲之法，必辨喜怒哀樂。喜如新竹當風，怒如陰雷起地，哀如石擊薄冰，樂如雪舞風前，大概以輕清為上。聲雄者，如鐘則貴，如鑼則賤；聲雌者，如雉鳴則貴，如蛙鳴則賤。遠聽聲雄，近聽悠揚，起若乘風，止若拍瑟。大言不張唇，細言若無齒，上也。出而不返，荒郊牛鳴；急而不達，深夜鼠嚼；或字句相聯，喋喋利口；或齒喉隔斷，喈喈混談。市井之夫，何足比數？

「聲與音不同」，聲和音看上去密不可分，其實它們是有區別的。就人的「聲音」而言，開口之初所發出的謂之「聲」，此時聲帶振動緊張而激烈；口的動作停止之後，緊張的聲帶已經鬆弛下來，在空中留下一段餘韻，這就是所謂的「音」。

「聲主張，尋發處見」，聲來自發音器官的張開，可以在發音器官張開的時候聽到它。聲通常是通過人的丹田，一直到口、齒、唇、舌出來，而且是往外擴張。

「音主斂，尋歇處見」，音來自發音器官的閉合，可以在發音器官閉合的時候聽到它。這個定義非常好，發了之後要收斂，不能發而不收。講話也好，唱歌也好，一定是這樣，有發就有收，而且應該「喜怒哀樂之未發謂之中，發而皆中節謂之和」。「聲」發出來，一定有餘音，這就是「音」。我們講「餘音繞樑」，不會講「餘聲繞樑」。「聲」是剛出來，越來越宏大，這就叫「張」；到「音」的時候是越來越細微，可能拖很長的尾巴才把它收住，那就叫「斂」。我們平常說要發表「聲明」，有沒有說要發表「音明」的？沒有。發表聲明的聲音是要大家聽到，要大一點，張一點。聲如同《易經》中渙卦（䷺）的傳播，從一個中心點往四周呈同心圓形狀往外擴散。由近及遠，近處就是發聲的中央，到邊緣上的就是音，若有若無了。所以，我們會說弦外之音，不會說弦外之聲。

「辨聲之法，必辨喜怒哀樂」，辨別聲的方法是，必須辨別人抒發喜怒哀樂之情時聲的情狀。下面就是做文章了，因為這些東西就像卦象、爻象一樣，跟你講抽象理論沒有用，要去體會自然界的某些情境，聽聽天籟、地籟，觀察講話的人的喜怒哀樂。

「喜如新竹當風，怒如陰雷起地，哀如石擊薄冰，樂如雪舞風前，大概以輕清為上。」「喜如新竹當風」，喜悅之聲如清風吹過新長的竹子。「怒如陰雷起地」，憤怒之聲像平地一聲雷。「哀如石擊薄冰」，悲哀之聲像石頭擊破薄冰。石頭敲到薄冰上的聲音，很脆，確實有心碎的感覺。「樂如雪舞風前」，歡樂之聲像疾風颳起雪花在空中飛舞。由此看，喜跟樂是不一樣的，因為「新竹當風」跟「雪舞風前」的聲音是不一樣的。那麼，哪一個聲音好，顯得這個人是英雄呢？「大概以輕清為上」，大致來講，無論什麼聲，都以輕揚清朗為佳品。

「聲雄者，如鐘則貴，如鑼則賤」，聲剛健激越的，像鐘聲一樣洪亮悠揚，就高貴；像鑼聲一樣輕薄焦躁，就卑賤。「聲雄」，聲充滿剛健激越之氣。鐘聲一般讓人聽了很舒服，廟裡面的鐘，還有編鐘，鐘聲洪亮悠揚，充滿陽剛之氣，故貴。鑼聲聽起來，感覺有點破，且輕薄焦躁，不是有「破鑼嗓子」一說嗎？陽剛之氣過盛，陰柔之氣全無，當然賤。古代打仗時，鳴金收兵，就是敲鑼。有些寫注解的，不服氣「如鑼則賤」，覺得也有「如鑼而大貴」者，「氣必出於丹田」，然「一生勞苦不免」。其實《冰鑑》本來就是講大概，沒有說一定。

「聲雌者，如雉鳴則貴，如蛙鳴則賤」，萬事萬物皆分陰陽、剛柔、雌雄，有「聲雄」很陽剛、很洪亮，必有「聲雌」，比較陰柔的聲。「如雉鳴則貴」，雉是野雞，可不是家雞。像野雞鳴叫一樣清朗悠揚，就高貴。「如蛙鳴則賤」，像蛙鳴一樣喧囂空洞，就卑賤。青蛙的叫聲，確實讓人煩。

「遠聽聲雄，近聽悠揚，起若乘風，止若拍瑟。」「遠聽聲雄」，從遠處聽去，剛健激越，充滿陽剛之氣，很洪亮。「近聽悠揚」，在近處聽來，溫潤悠揚，充滿陰柔的雌聲之致。「起若乘風」，聲發起的時候如乘風飛動。乘雲氣，赴青天，像大鵬鳥展翅高飛，是讓人向上的感覺。「止若拍瑟」，聲收斂的時候如琴師優雅地拍瑟。

「大言不張唇，細言若無齒，上也」，高聲暢言卻不大張其口，小聲說話卻不暴露其齒，這是上等之聲。貴人通常都不隨便露齒，嘴巴開闔的時候都很優雅。「大言不張唇」，指講的東西很重要，但是他並沒有誇張，用力說話的時候，他的唇好像並沒有張得非常大，因為不需要，他懂得發聲。「細言若無齒」，細言絕對不露齒，就好像沒有牙齒一樣。這都是教養，也是發聲的好習慣。不管是什麼聲音，你聽到的感覺都很平和，沒有誇張地咬牙切齒，也沒有細若蚊蚋。

「出而不返，荒郊牛鳴」，聲發出之後，顯得散漫虛浮，缺乏餘韻，像荒郊曠野之中的一牛孤鳴。聲音出去好像收不回來，也沒想著收回來。一言既出不收回，潑婦罵街便是如此。「荒郊牛鳴」，有沒有聽過？牛叫的時候確實無韻可言。發而不收，不會有斂，當然不會有餘音，沒有那個美感。

「急而不達，深夜鼠嚼」，急著要講話，倉倉促促，聲不暢達，像夜深人靜的時候老鼠偷吃東西發出的聲響。急切講話，反而詞不達意，根本談不到音的境界。

「或字句相聯，喋喋利口」，語無倫次，言語急促，一句緊跟著一句，說話沒完沒了又聲急嘴快的樣子。講話沒有「標點」，沒有抑揚頓挫感，而且還喋喋不休，真讓人受不了。

「或齒喉隔斷，喈喈混談」。「齒喉隔斷」，聲音不暢、口齒不清。「喈喈」，本為鳥鳴聲，這裡是囁嚅的意思。「喈喈混談」，就是吞吞吐吐、含混不清的樣子。

「市井之夫，何足比數」，「市井之夫」乃粗鄙庸俗之人，上述的說話聲，都是市井中人之聲，上不了枱面，根本不值一提。

簡單講，就是有聲而無音是下品。有聲也有音，發而皆中節，還能夠收，這才是完整的。這就跟做事情一樣，很多人起了頭，都莫名其妙的不了了之，沒有好好的做完一件事情。發聲是自然的生命呈現，一定要有始有終。

(三) 論音

音者，聲之餘也，與聲相去不遠，此則從細處，曲中見直。貧賤者有聲無音，尖巧者有音無聲，所謂「禽無聲，獸無音」者是也。凡人說話是聲，其散在左右前後是音。開談若含情，話終多餘響，不惟雅人，兼稱國士；闊口無溢出，大舌無窕音，不惟實厚，兼獲名高。

最後一段把音和聲再做分別。「音者，聲之餘也」，音，是聲的餘波或餘韻。餘音嫋嫋，由聲慢慢減弱，傳得比較遠了，要收了，因為人的聲氣不可能永遠不歇，餘響就是音。有聲才有音，聲和音是配套的。「與聲相去不遠」，音由聲出來，它們密切相關，相去不遠。「此則從細處」，這就要觀聽入微了，「曲中見直」，有很多東西就得委曲婉轉。尤其是有細微的差別時，我們要仔細瞭解聲跟音的差別，才能夠搞清楚脈絡。老子說「大直若曲」，「曲成萬物而不遺」，《中庸》也說「其次致曲」，這都得下工夫，然後你才能觀聽出細微的差別。

下面就跟命運有關了。「貧賤者有聲無音」，貧窮卑賤之人說話有聲而無音。人都很在乎自己的一輩子是貧賤還是富貴，「有聲無音」則有始無終，起不來，這一輩子可能命運不好，沒有一個好的收場，不得善終，表現在他的聲音上是有聲無音的，聽不出音來，不完整，只發不收。實際上，貧賤者的聲音往往缺乏文雅的韻味和溫文的情致，故「有聲無音」。

「尖巧者有音無聲」，圓滑尖巧之人說話有音而無聲。所謂「尖巧者」，善於偽裝虛飾，這種人圓滑世故，八面玲瓏，行事往往小心謹慎，說話自然是慢聲細氣，給人的感覺和印象是只有音而無聲。「有音無聲」如宦官，尖著嗓子說話時聲音拉得很高，是一種沒有共鳴腔的感覺。講話沒有洪壯厚實的聲，這種人尖巧。

「所謂『禽無聲，獸無音』者是也」，俗話所謂的「鳥鳴無聲，獸叫無音」，說的就是上述情形。鳥叫的音就高，但是沒有洪亮的底蘊，光聽到嘰嘰喳喳，而野獸則是吼聲連連，沒有把人嚇死就不錯了，餘韻就不敢奢望了。《易經》中孚卦（䷼）就是鳥卦，上爻稱「翰音登于天」，絕對沒有聲的感覺。禽沒有聲，獸沒有音，大致如此。人不是禽獸，是萬物之靈，所以要有聲也有音。任何比較高亢的聲音，一定要有一個很厚的底蘊，不然就是唱高調，沒有接地氣。禽就不接地氣，在天空飛，聲要往下就難。獸接地氣，卻橫行，音要往上就困難。人是頂天立地的直立身軀，不能有聲無音或者有音無聲。

「凡人說話是聲，其散在左右前後是音。」人說話，是聲，散播在前後左右形成的是音。

「開談若含情，話終多餘響，不惟雅人，兼稱國士」，如果說話的時候，一開口，聲中飽含著情，到話說完了，還有餘音未絕，不僅是溫文爾雅的人，而且可以稱得上是國家優秀人才。「餘響」就是音，餘音繞樑。中國人就是這樣，總是比較含蓄，其實可能情深款款，但是表達不那麼直接，「開談若含情」，還加一個「若」字，若有若無，但絕對是有情的。話說完了，還有餘響，讓你去回味。這種人就是高品的，絕不是俗人，不止是風雅之士，還兼稱國士，很難得。男人表現不凡就叫國士，國士無雙；女人美麗動人就稱國色，國色天香。國士無雙、國色天香，都是國家級的標準，都是一國中最出色的。

還有人「闊口無溢出，大舌無窕音，不唯實厚，兼獲名高」。「闊口無溢出」，有些人講話會口沫橫飛，那很要命，千萬不要坐第一排，但是高雅人就不會口水亂噴。「大舌無窕音」，有的版本稱「尖舌無窕音」，「大」和「尖」這兩個字很像，所以很容易錯。「窕」，就是輕佻的佻，輕佻的聲音並不厚實，不是雅士的聲音。「大舌無佻音」、「尖舌無佻音」，到底哪一個比較合適呢？恐怕要推敲推敲：通常牙尖嘴利的尖舌是容易發出佻音的，但是尖舌又能夠發出並不輕佻的聲音。「大舌無佻音」，聲調通常比較高，但是你不會覺得他對人不禮貌、輕佻、浮躁。我是比較偏向於「闊口無溢出，尖舌無窕音」。這種人就是「不惟實厚」，內在素養深厚，有很厚實的生命底蘊。「兼獲名高」，就會有好名聲，大家對他講的話有好感。

氣色第七

《冰鑑》最後一篇是「氣色章」。「氣色」就是要察言觀色，「色」可能還比較好看，「氣」就要進行動態的掌握了。「氣」和「色」是中國古代哲學獨有的概念。「氣」是指生命體內流轉無息的生命力，在體內如血液一樣流動不息，氣旺可外現，能為人所見。「色」是「氣」的外在表現形式之一，顯現於人體表面，如膚色。中國哲學和醫學都認為，「氣」與「色」密不可分，「氣」為「色」之根，「色」為「氣」之苗。「氣」又分為兩種，一為先天所稟，一為後天所養，如孟子所說的「浩然之氣」。「色」也有先天和後天之分。「氣」和「色」與人的命運息息相關。

(一)總論

面部如命，氣色如運。大命固宜整齊，小運亦當亨泰。光焰不發，珠玉與瓦礫同觀；藻繪未揚，明光與布葛齊價。大者主一生禍福，小者主三月吉凶。

「面部如命，氣色如運」，面部象徵並體現著人的命，氣色則象徵並體現著人的運。這種運可以很長，也可能很短。不測風雲，旦夕禍福，絕對影響氣色。看氣色，是看運，不是看基本格局的命。命體現在面部，生下來就定了，是一種先天稟賦，一種先天獲得的生命力。這種力量不可抗拒，不以人的主觀意志為轉移。但是，氣色是在變的，因為運一直在變，在不同的機遇或遭際中會變化。

「大命固宜整齊，小運亦當亨泰」，人的大命固然應該保持均衡，小運也應該始終保持順暢。一張臉長得很規整，跟命格有關。小運也要講究，隨時留意你的氣色，留意別人的氣色。有的人有時面色很灰暗，有時就神采飛揚，一定是遇到壞事或好事了。人的運途，往往是「時來天地皆同力，運去英雄不自由」。《孫子兵法》有「朝氣銳，晝氣惰，暮氣歸」的說法，掌握了這個，對於最大限度發揮士氣有極大的作用，從而改變戰爭的局勢。暮色時分，人心思歸，士兵都想回家，打起仗來也會沒勁。

「光焰不發，珠玉與瓦礫同觀」，如果光彩不能煥發出來，就算是珍珠、寶玉，和碎磚、爛瓦都是一樣的。「光焰不發」，說明氣色不好，沒有光彩，感覺很晦暗。可能他的命是不錯，但是被一時的背運蒙住了。就是珠玉，只要沒有好的氣色，都不會吸引人。可見，當下的運勢有時決定人的外觀，人家才不管你長得怎麼樣、你的命是什麼格。運是變動的，如果你命好，運不好，那就對不起了；「珠玉與瓦礫同觀」，就像一個人負了一大堆債時，哪個銀行還會借錢給你？能不能還錢還是個未知數呢。

「藻繪未揚，明光與布葛齊價」。「藻繪」，彩色的繡紋。「明光」，色彩明豔的絲織品。「布葛」，布是棉製粗布，葛為粗糙的麻織品。如果彩色的繡紋不能呈現出來，即使是綾羅和錦繡這等光輝燦爛的東西，和一般的粗布衣服也沒有任何不同，都是一樣的價。你的命再光華四射，如果你的運被壓住，表現在氣色上，就是灰灰暗暗的，也只能明珠蒙塵。

「大者主一生禍福，小者主三月吉凶」。「三月」，指一段不太長的時間，而非確數。大命能夠決定一個人一生的禍福，小運也能夠決定一個人幾個月的吉凶。「大者主一生」，命再好，也是未實現的秘密。「小者主三月」，運對人來說，就是人生的起有伏。人生在世，有時候升，有時候沉，最後只有一個辦法，就是自強不息、自昭明德。不然就完全是浮沉，被命運擺佈，一點自主性都沒有了。

(二)氣色類型

人以氣為主，於內為精神，於外為氣色。有終身之氣色，少淡、長明、壯豔、老素是也。有一年之氣色，春青、夏赤、秋黃、冬白是也。有一月之氣色，朔後森發、望後隱躍是也。有一日之氣色，早清、晝滿、晚停、暮靜是也。

「人以氣為主，於內為精神，於外為氣色」。人以氣為主宰，在內體現為人的精神，在外則表現為人的氣色。人的精氣神很重要，《易經．繫辭傳》稱「精氣為物，遊魂為變」，精氣凝聚就是生，魂魄遊蕩就是死。精氣聚則活，精氣散則不活，這是很明顯的道理。

「有終身之氣色，少淡、長明、壯豔、老素是也」。人有一輩子的氣色，少年時氣色純而薄，青年時氣色光而明，壯年時氣色豐而豔，老年時氣色樸而實。這就要長期觀察了，由「淡、明、豔」最後歸於「素」，鉛華落盡，返璞歸真。少年時候是淡的氣色，還在發育中；長大的時候就光明大增，明的感覺就像火一樣；壯年的時候就是豔麗外放的氣色高峰；老了就素，回歸素樸。由淡而明而豔再歸於素，這就是正常人的一生之氣色運行。如果是反常的就要小心，那不是有福，可能代表命運不好。如年少時氣色不淡還是素的，糟糕了；長成後氣色不是明反而變淡了，活回去了；壯年時氣色不豔反明的話，跟實際的年齡不匹配；年老氣色不素反而豔，就有一點像妖精了。「少淡、長明、壯豔、老素」，這是正常的氣色，當然每個人的生命長度不一樣，但是大致按照淡、明、豔、素的順序變化，是比較合乎自然的。如果反常了，就不是什麼好事。所以，我們不鼓勵兒童讀佛道的東西，應該提供一些正面的經典，如果小孩子念誦「凡所有相皆是虛妄」，豈不荒唐？少年就要像少年，赤子就要像赤子，老頭老嫗就要像老頭老嫗，絕對要跟年齡搭配，不然氣就不通。

「有一年之氣色，春青、夏赤、秋黃、冬白是也」。有貫穿一年的氣色，即春季氣色宜青，夏季氣色宜紅，秋季氣色宜黃，冬季氣色宜白。「春青、夏赤、秋黃、冬白」，從五行來講，春青屬木，木色尚青；夏紅屬火，火色尚紅；秋黃屬金，但土生金，故宜屬土，土色尚黃；冬白屬水，水色尚黑，但以金生水，故宜屬金，金色尚白。人的氣色隨四季之色而變化。

「有一月之氣色，朔後森發、望後隱躍是也」。有貫穿一個月的氣色，朔日之後如枝葉盛發，望日之後則若隱若現，就是這種氣色。氣色的變化是不停的，大循環中有小循環。每個月也有氣色，每個月的氣色多少跟月亮有關，即跟陰曆有關。「朔後」，是初一以後，「望後」是十五以後。朔日，月亮其實幾乎是看不見的，新的一個月開始了。剛開始如森林茂盛生長，要捲起袖子好好幹，可是到望日之後走下坡了，就如月有陰晴圓缺，月亮至此漸趨於隱，若隱若現。在一月之中，氣色也是隨著月亮的消息、盈虛而變。

「有一日之氣色，早清、晝滿、晚停、暮靜是也」，有貫穿一天的氣色，早晨氣色清朗，白天氣色充盈飽滿，傍晚氣色漸趨遲鈍，夜間氣色安寧平靜。一天的氣色，「早清、晝滿、晚停、暮靜」，是正常的，如果人晝夜顛倒，就沒有好氣色了。

(三)氣色與命途

科名中人，以黃色為主，此正色也。黃雲蓋頂，必掇大魁；黃翅入鬢，進身不遠；印堂黃明，富貴逼人；明堂素淨，明年及第。他如眼角霞鮮，決利小考；印堂垂紫，動獲小利；紅暈中分，定產佳兒；兩顴紅潤，骨肉發跡。由此推之，足見一斑矣。

「科名中人，以黃色為主，此正色也」。對於有科名的士子來說，面部氣色應該以黃色為主色，這是正色。黃是中色，中道之色，科名中人，以黃色為正色。在《易經》中，坤卦的君位為「黃裳元吉」，因為「君子黃中通理，正位居體，美在其中，而暢于四支，發於事業，美之至也」。君位為黃色，是正位，功業也是彪炳千秋。所以，到了明清時代，只有皇帝可以穿正黃色。

「黃雲蓋頂，必掇大魁」，如果一抹黃色彩雲覆蓋頭項，那麼這位士子一定能夠在科舉考試中一舉奪魁。「黃雲蓋頂」，不是真有黃雲在頂上，而是氣色。如果「黃雲蓋頂」，這個人必高中狀元。

「黃翅入鬢，進身不遠」，如果氣色如兩隻黃色翅膀直插雙鬢，那麼這位士子升官晉爵為期不遠了。「黃翅入鬢」，這是升騰之兆。

「印堂黃明，富貴逼人」，如果印堂為黃色，那麼這位士子很快就會獲得富貴。印堂在古人眼中，是命宮，呈黃色，很亮，氣色好，富貴逼人而來。

「明堂素淨，明年及第」，如果明堂白潤淨潔，那麼這位士子明年定能科考及第。「明堂」就是鼻子，鼻子是人臉上最突出的部位。「素淨」，白潤而不染塵垢，氣色當然好。「及第」，舊時科舉術語，考中解元、會元、狀元稱為「三元及第」。鄉試在頭年秋，會試在次年春，所以稱「明年及第」。

「他如眼角霞鮮，決利小考」，其他如眼角部位氣色如鮮明的彩霞，那麼必然利於這位士子參加小考。「小考」，一般指童生應府縣官及學政之考試，考秀才之類。「印堂垂紫，動獲小利」，如果紫色光氣由印堂部位即兩眉之間發動，那麼此人常常會獲得一些錢財之利。有「印堂垂紫」這樣的氣色，可以做一點小投資。白天丟進去，晚上賺回來。一個是「小考」，一個是「小利」。

「紅暈中分，定產佳兒」，如果兩眼上方、鼻樑兩側各有一片紅暈，那麼此人定會喜得佳兒。「中分」，中有鼻樑間隔，兩片紅暈不能相連。為什麼說「紅暈中分，定產佳兒」，而不是「佳女」呢？因為舊時說「火旺生男，木旺生女」，紅色為火。

「兩顴紅潤，骨肉發跡」，如果兩顴部位呈紅潤之色，那麼此人的至親骨肉必定會顯名並發家。顴骨是人臉重要的部位。俗話說「女人顴骨高，殺夫不用刀」，舊時說女子顴骨不能太高，否則會「剋夫」，這個說法未必盡然。這裡應該是講男人兩顴紅潤，下一代都有出息。「由此推之，足見一斑矣」，由以上幾種推而廣之，足可窺見面部氣色關係到命運的一般情形。作者給你一些大致的經驗法則，你要去推論，引而申之。他沒有辦法把所有細節都告訴你，大致如此。

(四) 氣色之青白

色忌白，忌青。青常見於眼底，白常發於眉端。然亦有不同：心事憂勞，青如凝墨；禍生不測，青如浮煙；酒色憊倦，白如臥羊；災晦催人，白如傅粉。又或青而帶紫，金形遇之而飛揚；白而有光，土庚相當亦富貴，又不在此論也。最不佳者：「太白夾日月，烏鳥集天庭，桃花散面頰，頳尾守地閣。」有一於此，前程退落，禍患再三矣。

「色忌白，忌青」，人的氣色忌白色，也忌青色。氣色蒼白絕對不妙，俗話說「白面無鬚不可交」。如果是青，則有點像鬼了。色一定是忌白忌青，「青常見於眼底，白常發於眉端。」青色常常出現在眼睛的下方，白色常常出現在眉梢的附近。確實如此，眼底如果有青不好，眉端泛白也不好，這樣的氣色都要小心。

「然亦有不同」，青色和白色又有不同的情形，還要細分。「心事憂勞，青如凝墨」，由於心事憂勞而面呈青色，這種青色凝重得如化不開的墨。人生大部分的時間都在「心事憂勞」，自然而然「誠於中，形於外」，眼底常常就「青如凝墨」，那要小心。「禍生不測，青如浮煙」，如果是遇到飛來橫禍而面呈青色，這種青色則一定不均勻、如浮煙。

「酒色憊倦，白如臥羊」，如果是由於嗜酒貪色疲憊倦怠而面呈白色，這白色一定如臥羊，不久即會散去。「臥羊」，如羊臥休息，不久即可復原。疲憊不堪，一般是身體消耗非常大。為什麼會很疲憊呢？因為耽於酒色。人不是鐵打的，酒色是殺人利刃，絕對不好。「災晦催人，白如傅粉」，如果是由於遇到大災難和晦氣的事而面呈白色，這白色一定狀如枯骨，充滿死氣。「傅粉」，搽粉。古人認為，「白如傅粉」為死色，面呈此色者必神智昏濁，精力頹敗。

「又或青而帶紫，金形遇之而飛揚」。如果是青色中帶有紫氣，這種氣色出現在金形人的面部，此人一定能夠飛黃騰達。「白而有光，土庚相當亦富貴」。「土」，指土形人。「庚」為陰金。「相當」，指土與金相合。如果是白色而有光澤，這種氣色出現在金形兼土形人的面部，此人會獲得富貴。「又不在此論也」，這些都是特例，不在以上所論之列。所以，不能只看到面部氣色的青與白，不細分，還是會看錯的。還要考慮得很細，不要一概而論，要觀察入微。

最後講最不好的：「最不佳者：『太白夾日月，烏鳥集天庭，桃花散面頰，頳尾守地閣。』」最不佳的，要警惕，即白色圍繞眼圈；黑氣聚集額頭，赤斑佈滿兩頰，淺赤凝結地閣。「太白」，啟明星，因亮而呈白色。「日月」，指日角和月角部位，日角在左眉骨隆起處至左邊髮際，月角在右眉隆起處至右邊髮際。「烏鳥」，即烏鴉，這裡指黑色。「天庭」就是額頭。「桃花」，指桃花那種桃紅色，如赤斑。「頳尾」，指赤色魚尾，這裡指淺赤色。「地閣」指下巴。太白夾著日月，烏鳥集於天庭，真是烏雲蓋頂了，桃花散在面頰，像桃花那種桃紅色，還有像魚尾巴的赤色守在下巴，這四個都是最不佳的氣色。

「有一於此，前程退落，禍患再三矣」，以上四者，如果僅具其一，就會前程倒退、敗落，並且接連遭災遇禍。不管你在進行什麼，下面都是大崩潰，而且是福無雙至，禍不單行。不管你再怎麼努力，也會禍患不斷。這些氣色一定要一一考察，注意其吉凶禍福，不要孟浪行事。

《冰鑑》七篇講完了，那麼《冰鑑》的價值，用易占來呈現一下，是一個什麼卦象？另外，人後天的修為是不是有助於改善先天的面相，包括你人生的運途，即相由心轉、相由心生？

整個《冰鑑》七篇，一向受人讚譽，其內涵在《易經》來說，就應在鼎卦（䷱）的二爻和上爻。「鼎」是掌權，是調和鼎鼐的官場人物。掌權人物的威重主要體現在修煉的火候，還有就是非常重視權力機構的配合，要勻稱，不能畸形發展。如果突顯部分，而妨礙到整體，想做到調和鼎鼐就很難。鼎卦跟我們的命有關，也跟我們的修為有關。革故鼎新，「革」就涉及人的創造力，天命可以革，革了命之後，顯現新的命，就是鼎，即打江山，然後坐江山。這要靠人的努力。鼎卦〈大象傳〉稱「君子以正位凝命」，在沒有蓋棺論定之前，如何凝命，落實接地氣，顯現出一個不凡的局面？那就得正位。做父母的，奮鬥了一輩子，累積了一些經驗，實現了人生的命了，還有什麼好處呢？有，因為命相延續到下一代。鼎卦的下一卦是什麼卦？震卦（䷲）。震卦就代表了香火繼承。有的人修了半天，修了一個破鼎，於是就妨害子孫。如果是一個好鼎，下面的震卦再怎樣也不會太差，至少給他的先天本相好。所以，父母修得越好，留給子女的命相越好。鼎就是一個丹爐，修煉著形形色色的人生。鼎卦上爻「鼎玉鉉，大吉无不利」，「剛柔節也」，鼎卦第三爻的時候太剛，把鼎的耳朵都燒壞了，就是剛柔不節。

第三爻恃才傲物、格格不入、「雉膏不食」，等到慢慢修煉，工夫夠了，到鼎卦上爻就變得玉潔冰清，非常圓融飽滿。玉鉉在上就代表修成了，再往下還可以傳之後世子孫。鼎卦第二爻「鼎有實，我仇有疾，不我能即」，有真才實學，但是坐冷板凳。知人難，用人更難，有好多問題都是鼎卦第二爻的象。鼎卦第二爻單爻變就是旅卦（䷷），真的是如飄蓬。既然肯定人的命運跟後天革故鼎新的修為有關，那麼命運就不是先天注定的，還是可以突破的，可以開創自己新的運勢、新的格局。

那麼，人的修為會不會真的影響到一個人的命相呢？結果是大有卦（䷍），也是第二爻、第六爻動。「大有」，顧名思義，修為確實會影響人生的命相，而且是人人都可以。同樣是人，大家都可以靠著後天的修為改善。改善到什麼程度呢？假定是第二爻，好好努力，「大車以載，有攸往，无咎」，把自己當一輛大車子，在人生中奮鬥，按照你認為適合的方向去發展；「積中不敗」，可以保鮮，可以不腐爛，立於不敗之地。這是第二爻，也是基本功。那麼，久而久之，就可能到上爻好極的境界：「自天佑之，吉無不利」。大有卦突破到上爻「自天佑之」之後，再往下就是謙卦了，與天地人鬼神全部都相配、相稱。照這樣看，正確的修為絕對會改善你的相和命。大有卦的這兩爻齊變，就是豐卦（䷶），是立下豐功偉業，如日中天、很豐富的人生。

這是兩個卦象，體會它們的意思，你就不會被限制在那種僵硬、刻板的江湖術士的格局中。人人都可以修為，把自己的缺點和惡習改掉，然後想辦法把自己的優點和善發揮出來，修得更好、更漂亮。這些卦象其實都是很啟發人的，從古到今所有研究相學的人都沒有結合易理來研究。我們將兩者結合起來，就會發現很多精闢的道理。

附錄《冰鑑》全文

神骨第一

總論

語云「脫穀為糠，其髓斯存」，神之謂也。「山騫不崩，惟石為鎮」，骨之謂也。一身精神，具乎兩目；一身骨相，具乎面部。他家兼論形骸，文人先觀神骨。開門見山，此為第一。

神分清濁邪正

相家論神，有清濁之分。清濁易辨，邪正難辨。欲辨邪正，先觀動靜；靜若含珠，動若水發；靜若無人，動若赴敵，此為澄清到底。靜若螢光，動若流水，尖巧而喜淫；靜若半睡，動若鹿駭，別忖而深思。一為敗器，一為隱流，均之托跡於清，不可不辨。

神存於心

凡精神抖擻時易見，斷續處難見。斷者出處斷，續者閉處續。道家所謂「收拾入門」之說，不了處看其脫略，做了處看其針線。小心者，從其不了處看之，疏節闊目，若不經意，所謂脫略也。大膽者，從其做了處看之，慎重周密，無有苟且，所謂針線也。二者實看向內處，稍移外便落情態矣，情態易見。

觀骨察人

骨有九起：天庭骨隆起，枕骨強起，頂骨平起，佐串骨角起，太陽骨線起，眉骨伏犀起，鼻骨芽起，顴骨豐起，項骨平伏起。在頭以天庭骨、枕骨、太陽骨為主；在面以眉骨、顴骨為主。五者備，柱石器也。一則不窮，二則不賤，三動履稍勝，四貴異。

骨之色與質

骨有色，面以青為主，「少年公卿半青面」是也。紫次之，白斯下。異骨有質，頭以聯者為貴，碎次之。總之，頭無惡骨，面佳不如頭佳。然大而缺天庭，終是賤品；圓而無串骨，半為孤僧；鼻骨犯眉，堂上不壽；顴骨與眼爭，子嗣不立。此中貴賤，有毫釐千里之別。

剛柔第二

總論

既識神骨，當辨剛柔。剛柔即五行生克之數，名曰「先天種子」，不足用補，有餘用泄。消息直與命相通，此其皎然易見者。

外剛柔

五行有合法，木合火，水合木，此順而合。順者多富，即貴亦在浮沉之間。金與火仇，有時合火，推之水土皆然，此逆而合逆者，其貴非常。然所謂逆合者，金形帶火則然，火形帶金，則三十死矣；水形帶土則然，土形帶水，則孤寡老矣；木形帶金則然，金形帶木，則刀劍隨身矣。此外牽合，俱是雜格，不入文人正論。

內剛柔

五行為外剛柔。內剛柔，則喜怒、伏跳、深淺者是也。喜高怒重，過目輒忘，近粗。伏亦不伉，跳亦不揚，近蠢。初念甚淺，轉念甚深，近奸。內奸者，功名可期。粗蠢各半者，勝人以壽。純奸能豁達者，其人終成。純粗無周密者，半途必棄。觀人所忽，十得八九矣。

容貌第三

總論

容以七尺為期，貌合兩儀而論。胸腹手足，實按五方；耳目口鼻，全通四氣。相顧相稱則福生；如背如湊，則林林總總，不足論也。

論容

容貴整，整非整齊之謂。短不豕蹲，長不茅立，肥不熊餐，瘦不鵲寒，所謂整也。背宜圓厚，腹宜突坦，手宜溫軟，曲若彎弓，足宜豐滿，下宜藏蛋，所謂整也。五短多貴，兩大不揚，負重高官，鼠行好利，此為定格。他如手長於身，身過於體，配以佳骨，定主封侯；羅紋滿身，胸有秀骨，配以妙神，不拜相即鼎甲。

論貌

相貌家有清、奇、古、怪之別，總之須看科名星、陰騭紋，為主。科名星，十三歲至三十九歲隨時而見；陰騭紋，十九歲至四十六隨時而見。二者全，大物也，得一亦貴。科名星見於印堂眉彩，時隱時見，或為鋼針，或為小丸，常有光氣，酒後及發怒時易見。陰騭紋見於眼角，陰雨便見，如三叉樣，假寐時最易見。得科名星早登，得陰騭紋遲發。二者全無，前程莫問。陰騭紋見於喉間，又主子貴；雜路不在此格。

貴賤

目者面之淵，不深則不清。鼻者面之山，不高則不靈。口闊而方，祿千鍾。齒多而圓，不家食。眼角入鬢，必掌刑名。項見如面，終身錢穀。此貴徵也。舌脫無官，橘面不顯。文人不傷左眼，鷹隼動便食人。此賤徵也。

情態第四

總論

容貌者，骨之餘，常佐骨之不足。情態者，神之餘，常佐神之不足。久注觀人精神，乍見觀人情態。大家舉止，羞澀亦佳；小兒行藏，跳叫愈失。大旨亦辨清濁，細處兼論取捨。

論常態

人有弱態，有狂態，有疏懶態，有周旋態。飛鳥依人，情致婉轉，此弱態也。不衫不履，旁若無人，此狂態也。坐立自如，問答隨意，此疏懶態也。飾其中機，不苟言笑，察言觀色，趨吉避凶，則周旋態也。皆根其情，不由矯枉。弱而不媚，狂而不嘩，疏懶而真誠，周旋而健舉，皆能成器；反此，敗類也。大概亦得二三矣。

論變態

前者恆態，又有時態。方與對談，神忽他往；眾方稱言，此獨冷笑；深險難近，不足與論情。言不必當，極口贊是；未交此人，故意詆毀；卑庸可恥，不足與論事。漫無可否，臨事遲回；不甚關情，亦為墮淚；婦人之仁，不足與談心。三者不必定人終身。反此以求，可以交天下士。

鬚眉第五

總論

鬚眉男子，未有鬚眉不具，可稱男子者。「少年兩道眉，臨老一林鬚。」此言眉主蚤成，鬚主晚運也。然而紫面無鬚自貴，暴腮缺鬚亦榮：郭令公半部不全，霍驃驍一副寡臉。此等間逢，畢竟有鬚眉者，十之九也。

論眉

眉尚彩，彩者，秒處反光也。貴人有三層彩，有一二層者。所謂文明氣象，宜疏爽不宜凝滯。一望有乘風翔舞之勢，上也；如潑墨者，最下。倒豎者，上也；下垂者，最下。長有起伏，短有神氣；濃忌浮光，淡忌枯索。如劍者掌兵權，如帚者赴法場。個中亦有徵範，不可不辨。但如壓眼不利，散亂多憂，細而帶媚，粗而無文，是最下乘。

論鬚

鬚有多寡，取其與眉相稱。多者，宜清、宜疏、宜縮、宜參差不齊；少者，宜健、宜光、宜圓、宜有情照顧。捲如螺紋，聰明豁如；長如解索，風流顯榮；勁如張戟，位高權重；亮若銀條，早登廊廟。皆宦途大器。紫鬚劍眉，聲音洪壯；蓬然虬亂，嘗見耳後。配以神骨清奇，不千里封侯，亦十年拜相。他如「輔鬚先長終不利」、「人中不見一世窮」、「鼻毛接鬚多晦滯」、「短髭遮口餓終身」，此其顯見耳。

聲音第六

總論

人之聲音，猶天地之氣，輕清上浮，重濁下墜。始於丹田，發於喉，轉於舌，辨於齒，出於唇，實與五音相配。取其自成一家，不必一一合調，聞聲相思，其人斯在，寧必一見決英雄哉？

論聲

聲與音不同。聲主張，尋發處見；音主斂，尋歇處見。辨聲之法，必辨喜怒哀樂。喜如新竹當風，怒如陰雷起地，哀如石擊薄冰，樂如雪舞風前，大概以輕清為上。聲雄者，如鐘則貴，如鑼則賤；聲雌者，如雉鳴則貴，如蛙鳴則賤。遠聽聲雄，近聽悠揚，起若乘風，止若拍瑟。大言不張唇，細言若無齒，上也。出而不返，荒郊牛鳴；急而不達，深夜鼠嚼；或字句相聯，喋喋利口；或齒喉隔斷，喈喈混談。市井之夫，何足比數？

論音

音者，聲之餘也，與聲相去不遠，此則從細處，曲中見直。貧賤者有聲無音，尖巧者有音無聲，所謂「禽無聲，獸無音」者是也。凡人說話是聲，其散在左右前後是音。開談若含情，話終多餘響，不惟雅人，兼稱國士；闊口無溢出，大舌無窕音，不惟實厚，兼獲名高。

氣色第七

總論

面部如命，氣色如運。大命固宜整齊，小運亦當亨泰。光焰不發，珠玉與瓦礫同觀；藻繪未揚，明光與布葛齊價。大者主一生禍福，小者主三月吉凶。

氣色類型

人以氣為主，於內為精神，於外為氣色。有終身之氣色，少淡、長明、壯豔、老素是也。有一年之氣色，春青、夏赤、秋黃、冬白是也。有一月之氣色，朔後森發、望後隱躍是也。有一日之氣色，早清、晝滿、晚停、暮靜是也。

氣色與命途

科名中人，以黃色為主，此正色也。黃雲蓋頂，必掇大魁；黃翅入鬢，進身不遠；印堂黃明，富貴逼人；明堂素淨，明年及第。他如眼角霞鮮，決利小考；印堂垂紫，動獲小利；紅暈中分，定產佳兒；兩顴紅潤，骨肉發跡。由此推之，足見一斑矣。

氣色之青白

色忌白，忌青。青常見於眼底，白常發於眉端。然亦有不同：心事憂勞，青如凝墨；禍生不測，青如浮煙；酒色憊倦，白如臥羊；災晦催人，白如傅粉。又或青而帶紫，金形遇之而飛揚；白而有光，土庚相當亦富貴，又不在此論也。最不佳者：「太白夾日月，烏鳥集天庭，桃花散面頰，頹尾守地閣。」有一於此，前程退落，禍患再三矣。

從易經看冰鑑：觀人術寶典 / 劉君祖著. -- 初版.
-- 臺北市：大塊文化，2019.08

面；　公分. --（劉君祖易經世界；18）

ISBN 978-986-213-991-2（平裝）

1. 易經—冰鑑—相書

293.2　　108010601

劉君祖易經世界18

從易經看冰鑑
——觀人術寶典

作　者：劉君祖
封面繪圖：顏安志
責任編輯：李濰美
封面設計：林育鋒
校　對：趙曼如、鄧美玲、劉君祖
法律顧問：董安丹律師、顧慕堯律師
出　版：大塊文化出版股份有限公司
地　址：台北市10550南京東路四段二十五號十一樓
網　址：www.locuspublishing.com
讀者服務專線：0800-006689
電　話：(02) 87123898　傳真：(02) 87123897
郵撥帳號：18955675　戶名：大塊文化出版股份有限公司
總 經 銷：大和書報圖書股份有限公司
地　址：新北市24890新莊區五工五路二號
電　話：(02) 89902588（代表號）　傳真：(02) 22901658
初版一刷：二〇一九年八月
定　價：新台幣三〇〇元
Printed in Taiwan